세무사
사 용
설명서

병의원 원장님들이
300% 활용하는

세무사
사 용
설명서

김인화 지음

다온북스
DAON BOOKS

건강이 안 좋다면 병원을 찾아가 진료를 받기 마련이다. 진료실에서 여러 환자를 마주하면서 '의사를 제때 찾아서 올바르게 의료 서비스를 이용했더라면 좋았을 텐데' 하는 아쉬움이 드는 경우가 많았다. 이처럼 '제때 세무사를 만나 올바르게 세무 서비스를 이용해야 하는 것'이 얼마나 중요한지를 알려주는 김인화 세무사의 진심에 늘 고마운 마음이 든다. 더 많은 병의원 원장님들이 이 책의 제목처럼, 많은 도움을 받을 것이라 기대하며 기쁜 마음으로 추천의 글을 쓴다. 탁월한 실력과 더불어 따뜻한 진심을 한 권의 책으로 담아낸 저자를 신뢰하며, 이 책을 추천한다.

__ 김운집, 메이퓨어의원 피부과 원장

김인화 세무사는 '병원 세무'라는 그 좁고 깊은 영역에서 '대한 민국 1인자'라 불릴 만하다. 선후배 지인들이 개업을 하면서 세무 문제가 생기는 경우를 많이 봤다. 의료업의 성장에는 한계가 있다. 게다가 노동집약형 업태로 영업이익률이 급격하게 성장하기 어려운 상방이 닫힌 구조인데 데다 세무조사까지 겪어서 힘들어 하는 병원장님들이 많다.

이 책은 병원 개원 전부터 병원 업무의 끝까지, 모든 여정을 안 전하고 빛나게 하는 방법이 무엇인지를 제시해준다. 병원 세무의 '바이블'이라고 자신 있게 추천한다.

_ 조병규, 인천 저스트병원 정형외과 원장

개원의라면 누구든지 세금을 줄이고 싶어 할 것입니다. 이제 개 원 7년차를 맞고 나니 '죽음과 세금은 피할 수 없다'라는 말이 마 냥 편하게만 들리지 않습니다. 진료뿐만 아니라 경영까지 신경 써 야 하는 우리 원장님들이 꼭 읽어봐야 할 책이라 생각합니다. 세 금에 대한 저자의 명쾌한 이야기가 담겨 있습니다. 진료는 의사에 게, 세무는 세무사에게!

_ 윤종현, 서울닥터윤치과 원장

내가 경험한 김인화 세무사는 수많은 업무 경험을 통해 '병의원 전문'이라는 자신만의 전문 분야를 완성했고, 탁월한 문제해결능력으로 많은 원장님들의 신뢰를 한 몸에 받는 분이다. 그리고 개원한 원장님들이 겪는 세금 스트레스를 인간적인 배려와 강한 책임감으로 극복할 수 있게끔 도와준다.

이 책에는 '어떻게 하면 세무사를 잘 활용해서 세금 문제를 해결하고, 절세를 할 수 있는지'가 친절하게 안내되어 있다. 원장님들이 겪는 다양한 세금 문제 사례, 그리고 문제해결을 위한 가이드가 제시되어 있다. 다양한 '꿀팁'과 세무에 대한 방패 역할을 충실하게 하는 전략도 돋보인다. 수필식 서술이라 부드럽게 술술 읽히니, 읽는 재미가 있다. 많은 원장님들이 이 책을 통해 세무사 사용법을 익히고, 세무로 인한 문제에서 해방되길 바란다.

＿ 전명숙, 국군수도병원 마치통증의학과 원장

 필자는 그동안 세무 업무를 하면서 여러 사람들을 만났다. 그 과정에서 안타까운 경우도 많이 접했다. 특히 병의원 원장님을 전문으로 상대하는 세무사 입장에서 세무 관련 이슈를 보면 도움을 주고 싶다는 생각이 들었다. 병원 원장님들이 주로 하는 질문은 비슷했다.

 "제 명의로 된 건물을 사서 병원을 운영하고 있습니다. 수입과 지출은 예전과 동일한데 종합소득세가 예전보다 더 많이 나옵니다. 종합소득세를 절세할 수 있는 방법이 있을까요?" 이 질문은 자주 듣는 질문 중 하나다. 이 경우에는 원장님이 법인을 통해서 건물을 구입하고, 법인 소유의 건물에서 병원을 운영했다면 종합소득세 절세가 가능했을 것이다. 나아가 건물에 대한 '부의 이전'도 이루어지게 만들 수 있었다. 즉 건물을 취득하기 전에 세무사와 미리 상담을 했더라면, 더 나은 절세 전략을 찾았을 것이다. 세무사를 만나는 타이밍을 놓친 것이 아쉽다.

"작년에 운영하던 병원을 양도한 후 권리금 계약서를 작성했어요. 권리금을 받은 일 때문인지 이번 소득세 신고 때 종합소득세가 많이 나옵니다. 종합소득세를 줄일 수 있는 방법이 있을까요?" 권리금은 종합소득세 중 기타소득으로서 종합소득세 합산과세가 된다. 그런데 권리금에 대한 계약서를 어떻게 작성하느냐에 따라 세금이 천차만별로 달라진다. 그렇기 때문에 병원을 양도하기 전에 권리금 계약서 작성법을 미리 상담받았다면 절세를 할 수 있었을 것이다.

"제 명의의 건물에서 병원을 운영하려고 구분상가를 취득 계약했습니다. 공인중개사가 시키는 대로 포괄양도양수 방식으로 구분상가를 매입했지요. 그런데 세무서에서는 포괄양도양수 방식이 아니라고, 매도자 측에게 부가가치세를 납부하라고 합니다. 그래서 매도자가 매수자인 저에게 부가가치세를 달라고 하는데, 해결 방법이 없을까요?" 상가나 건물 매매 때 포괄양도양수 방식은 부가가치세를 피할 수 있는 좋은 방법이다. 그러나 포괄양도양수 방식은 요건이 까다롭고 세법 규정이 엄격하기 때문에 신중을 기해야 한다. '상가 매입 계약을 체결하기 전에 세무사 상담을 받았다면 좋았을걸'이라는 아쉬움이 든다.

"직원 채용이 세액공제와 연관된다고 합니다. 지금이라도 세액공제를 받고 싶은데, 어떻게 해야 하나요?" 병의원 또는 치과가 세액공제나 세액감면을 받을 수 있는 혜택은 많지 않다. 다만 직원 채용으로 얻을 수 있는 고용증대 세액공제는 혜택이 크기 때문에, 직원 채용이나 직원 증가 및 유지에 대해 세무사의 관리를 받는 것이 중요하다. 직원 채용을 전략적으로 해야 세액공제의 혜택을 장기간 누릴 수 있다. 혜택을 받는 사람과 못 받는 사람의 세금 차이는 적게는 1억 원, 많게는 3억 원까지 차이가 날 수 있다.

앞서 본 사연은 자주 생기는 일이다. 왜 똑같은 문제들이 계속 반복되는 것일까? 필자를 찾아온 사람들이 공통적으로 하는 말이 있다. "이런 내용을 세무사에게 물어봐야 하는지 몰랐어요" "언제 세무사를 만나서 상담해야 할지 몰랐어요"이다. 그동안 많은 사람들이 절세에 실패하는 모습을 지켜보았다. 그러면서 절세의 핵심은 '얼마나 많은 세법 지식을 알고 있느냐'가 아니라 언제 세무사를 만나야 하는지를 아는 '타이밍'이라는 사실을 깨달았다.

세법은 그 범위가 넓고 어렵다. 그런 만큼 일반인들이 책만 보고 습득하기에는 상당히 힘들다. 설사 세법 지식을 습득했다고 하더라도 실무 경험 없이 현실에 적용하기란 쉽지 않다. 그러므로 세무사를 '활용'하는 것을 추천한다. 시중에 세법 지식을 알려주는 책은 많다. 다만 세법 지식을 아웃소싱하는 방법과 제대로 된 세무사를 찾아야 할 타이밍을 알려주는 책은 별로 없다. 그래서 필자는 절세에 실패한 사람들과 절세를 원하는 사람들에게 작은 희망을 주고자 이 책을 쓰게 되었다.

세법은 경기 상황이나 국가 정책에 따라 매년 바뀐다. 따라서 세무 전문가를 통해 해결해야 쉽고, 편하며, 효과적으로 절세할 수 있다. 세무사에게 지불하는 수수료의 최소 10배, 아니 20배 이상의 경제적 이득을 볼 수 있다. 그리고 세무 문제로 고민하면서 시간을 낭비하지 않고 병원 경영에 집중할 수 있으니 편리하고 효율적이다. 결국은 좋은 세무사를 찾는 법을 알고, 좋은 세무사를 만나는 타이밍을 아는 것이 절세의 핵심이다.

이 책은 일반인뿐만 아니라 개원을 하려는 사람, 현재 병원을 운영하고 있는 사람, 세금 문제를 겪고 있는 사람, 더 나아가 세금 문제에서 조금이라도 자유로워지기를 희망하는 사람들을 위한 현실적인 가이드북이다.

세무 업무를 하면서 경험했던 수많은 사례들을 담았다. 그렇기 때문에 이해하기 쉽고, 이웃의 고민을 듣는 듯한 친근함도 느낄 것이다. 좋은 세무사를 찾는 방법은 무엇인지, 언제 세무사를 만나야 하는지, 세무 서비스를 어떻게 아웃소싱해야 돈이 되는지 등관련 내용을 쉽게 제시했다. 특히 절세의 핵심이 무엇인지를 깨닫고, 세금 스트레스에서 조금이라도 벗어나 행복한 삶에 이르는 데도움이 되기를 바란다.

이 책이 세상에 나오기까지 많은 분들의 도움과 격려가 있었다. 그들에게 진심으로 감사의 마음을 전한다. 특히 이 책의 편집에 많은 시간과 열정을 보여준 배현민 님에게 감사의 인사를 전한다.

세무사 김인화

차례

● 1장 ●
세무사 사용법을 왜 알아야 하는가?

• 2장 •
개원한 원장님을 위한 세무사 사용 설명서

• 3장 •
재산 증식을 원하는 원장님을 위한
세무사 사용 설명서

• 4장 •
뜻밖에 상황에서 도움이 되는
세무사 사용 설명서

• 5장 •
세무사를 활용하면 큰돈이 된다

● 6장 ●
좋은 세무사를 고르는 법은 따로 있다

세무사 사용법을
왜 알아야 하는가?

인간이 피할 수 없는
2가지

살면서 피할 수 없는 2가지가 있다. 바로 죽음과 세금이다. 그리고 병원을 경영하는 원장님이 피할 수 없는 2가지는 국세청 제보와 세금이다. 그만큼 사업을 하거나 큰돈을 벌게 되면 제보와 세금을 항상 조심해야 한다.

한 사례를 보자. 경기도에서 피부과를 운영하는 박 원장은 환자들에게 특정 시술비를 현금으로 받았다. 현금영수증 발급을 안 하는 조건으로 시술비를 할인해주었고, 단골 고객이라 믿기도 했다. 현금으로 받아서 시술비 관련 매출액을 감출 수 있었다. 그래서 시술비와 관련해서 세금 신고를 누락해도 별문제 없을 것이라 생각했다. 그러던 어느 날, 세무조사 안내장이 날아왔다. 진료비를 현금으로 받은 사실을 세무서에서 어떻게 안 것일까?

이 사례는 피부과 실장으로 근무했던 직원이 퇴사를 한 후에 국세청에 제보를 한 경우다. 국세청에 탈세 제보가 들어가면 해당 병원은 세무조사를 받는다. 그리고 탈세 제보자에게 세무조사 결과를 전달해준다. 세무조사로 인한 추징 세액에 따라서 제보자에게 포상금이 돌아간다. 그래서 피부과 실장은 포상금을 노리고 원장님을 국세청에 제보한 것이다.

박 원장님은 3개 사업연도에 관해 세무조사를 받았다. 그동안 신고하지 않았던 부가가치세, 종합소득세, 지방소득세, 과소신고가산세, 납부지연가산세 등 많은 세금을 추징당했다. 건강보험료 정산까지 합치면 세무조사 때문에 발생한 지출액은 상상을 초월했다.

법인이라면 부가가치세, 법인세, 법인세에 대한 지방소득세, 대표자 상여 처분에 따른 종합소득세, 종합소득세에 대한 지방소득세, 그에 따른 각종 가산세와 건강보험료 정산에 이르기까지, 배보다 배꼽이 더 커지는 경우가 흔히 발생한다.

호환 마마보다
더 무서운 게 세금이다

세금은 숫자이다 보니 예측과 결과가 명확하다. 물론 사실판단의 문제도 있지만, 숫자로 표현되다 보니 세금이 주는 공포가 쉽게 느껴진다. 그런데 세금에 대한 위험과 공포를 대부분의 사람들은 사업을 시작하기 전에는 모른다. 일이 터지고 나서야 위험을 알고, 공포를 체험한다.

인간은 일정 연령에 이르면 경제활동을 한다. 경제활동에 따르는 세금은 피할 수 없는 문제다. 앞서 말했듯이 인간이 피할 수 없는 2가지는 죽음과 세금이다. 다만 세무사 사용법만 미리 알아둔다면 세금에 따른 위험성은 얼마든지 줄일 수 있다.

세금은 본인이 몰랐다고 해서 피할 수 있는 문제가 아니다. 세금 문제가 터져서 사무실을 찾는 사람들이 하는 공통된 말이 있다. "이런 일이 벌어질 줄은 정말 몰랐어요"이다. 대개 사람들이 겪는 세금 문제는 비슷한데, 정리해보면 다음과 같다.

- 1세대 1주택이라고 생각해서 집을 팔았는데, 세대분리를 하지 않고 양도해서 생기는 세금 문제
- 부모에게 증여받은 재산을 5년 안에 팔아서 생기는 세금 문제
- 오피스텔을 처음 취득한 후 부가세 환급을 받았는데, 주거용으로 사

용해서 추징당한 사례

- 자녀가 있음에도 손자에게 증여 또는 상속해서 발생하는 세금 문제
- 과세와 비과세, 면세, 소득공제, 세액공제, 세액감면의 개념을 몰라서 잘못 판단하는 문제
- 1년 동안에 부동산을 2번 이상 양도하고 합산과세하지 않아서 발생하는 세금 문제
- 상속받은 부동산을 감정평가를 받지 않고, 나중에 해당 부동산을 매도하면서 발생하는 세금 문제
- 건축물대장이 없거나 주거용으로 사용하고 있는 건물을 주택이 아니라고 판단하고는 해당 부동산을 매매해서 발생하는 세금 문제
- 수입에 대해 현금영수증을 미발급한 경우의 세금 문제

세법을 잘 몰라서 그랬다고 해도 봐주지 않는다. 그래서 본인의 무지는 피할 수 있을지 몰라도 세금은 피할 수 없다는 것을 살면서 뼈저리게 느낄 것이다. 지금까지 세금 문제를 겪어본 적이 없는 사람이 더 많을 것이다. 사업이나 경제활동을 거의 하지 않아서 세금 문제를 겪어보지 못했다면, 세금이 덜 무서울 수 있다. 절세는커녕 앞으로 세금 때문에 골치 아플 일이 없을 거라 생각한다. 그러다가 문제가 생기고 나서야 어떻게 대처해야 할지 몰라 우왕좌왕한다. 별 차이 안 나는 듯하지만 준비한 자와 준비하지 않는 자, 전문가 활용법을 아는 자와 모르는 자의 차이는 크다.

방대한 분량의 세법, 변화무쌍한 세법 개정, 어려운 법률 용어 때문에 일반인이 세법을 활용해서 절세하는 일은 쉽지 않다. 따라서 가장 현명한 방법은 세무 전문가인 세무사를 활용하는 것이다. 모르면 피할 수 없고, 어설프게 알면 더 위험한 게 바로 세금이다. 우리는 지식을 빌려 쓰는 시대에서 살고 있다. 그러니 경제적 안전을 위해 전문지식을 아웃소싱하는 지혜가 필요하다.

우리는 살아가면서
몇 가지의 세금을 내야 하나?

김행복 선생님은 페이닥터로 일하는 마취과 의사다. 그녀는 거의 매일 자가용으로 출퇴근을 한다. 하루는 아침 일찍 일어나 주유를 하고 병원에 출근했다. 차도 안 막히는 데다 월급날이어서 기분도 좋았다. 월급은 2천만 원 정도이지만, 이것저것 떼면 실수령액이 1,400만 원 정도였다. 휴일마다 틈틈이 일도 해서 생기는 부수입이 1년에 8천만 원 정도 되니 쏠쏠했다. 월급도 받았으니 저녁에 남편과 맥주도 한잔할 겸 치킨과 시원한 맥주를 샀다. 집에 돌아와보니 식탁 위에 전기세와 도시가스 명세서가 놓여 있다. 남편과 함께 케이블 TV를 보면서 시원한 맥주를 한잔했다. 고된 하루였지만 집안일을 잘하는 남편 덕분에 살맛이 난다.

김행복 선생님이 이날 하루에 납부한 세금의 종류는 몇 가지일까? 자동차에 기름을 채우고 주유비를 지급하는 순간, 교통에너지환경세, 교육세, 주행세, 부가가치세를 냈다. 자동차를 소유하고 있으니 매년 자동차세도 낸다. 그리고 급여를 받을 때는 근로소득세, 지방소득세, 4대 보험료를 공제하고 받는다. 그녀가 아르바이트를 해서 번 부수입에는 사업소득원천세와 지방소득세가 발생한다. 저녁에 먹은 치킨과 맥주에는 부가가치세와 주세가 발생하고, 전기 요금, 도시가스 요금, 케이블 TV 시청료에는 부가가치세가 부과된다. 대한민국에 살면서 부담하는 세금이 총수입의 약 20~30%를 차지한다는 통계 결과가 있다. 즉 대한민국에서 산다는 것만으로도 세금의 늪을 벗어나지 못하는 것이다.

페이닥터로 일하거나 병원을 운영하면 어떤 세금이 발생하는지 알아보자. 일반 페이닥터에게 발생하는 세금은 근로소득세, 지방소득세, 자동차세, 주민세 등이다. 개원할 경우에 발생하는 세금은 부가가치세, 소득세, 원천세, 지방소득세, 사업소득세 등이다.

부동산을 취득할 때는 취득세, 등록세, 부가가치세를 내고, 보유하는 동안에는 재산세, 임대를 준 경우라면 부가가치세, 소득세, 종합부동산세를 낸다. 그리고 부동산을 처분할 때는 양도소득세, 증여세, 상속세를 낸다. 세금은 크게 국세와 지방세로 나뉜다. 지방세는 지역의 공공서비스를 제공하는 데 필요한 재원으로 쓰기 위해 지방자치단체별로 각각 과세하는 세금이다.

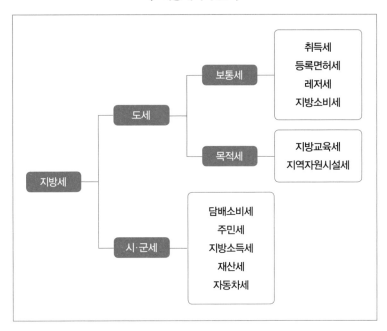

| 지방세의 구조 |

- 지방세
  - 도세
    - 보통세
      - 취득세
      - 등록면허세
      - 레저세
      - 지방소비세
    - 목적세
      - 지방교육세
      - 지역자원시설세
  - 시·군세
    - 담배소비세
    - 주민세
    - 지방소득세
    - 재산세
    - 자동차세

절세·탈세·조세회피란
무엇인가?

이에 대해 알아보기 전에 먼저 문제를 읽어보고 답을 생각해보자. 다음 사례에서 절세, 탈세, 조세회피 중 어느 것에 해당되는지 구분해보자.

- 김영철 원장은 아파트를 계약할 때 나중에 매도할 때를 생각해서 실제

매입 금액보다 3천만 원가량 취득가액을 올려서 계약서를 작성했다.
·· (탈세)

- 준희 씨는 신용카드를 많이 사용하면 연말정산할 때 세금 혜택이 있다고 들었다. 그래서 1월부터 11월까지 아껴 쓰던 신용카드를 12월에 몰아서 긁었다. ································ (절세)

- 민수 씨는 진짜든 가짜든 기부금 영수증만 있으면 연말정산에 환급을 많이 받을 수 있다는 동료의 말에 가짜 기부금 영수증을 발급받아서 증빙자료로 제출했다. ····················· (탈세)

- 성형외과를 운영하는 김상식 원장은 부가가치세가 많이 나올 거라고 예상해서 사업자등록증이 있는 무자료 거래 업체를 통해 세금계산서를 아주 싼 가격에 사서 부가가치세를 줄였다. ··············· (탈세)

- 안과를 운영하는 최 원장은 소득세를 줄일 수 있다는 말에 페이 원장을 공동대표 원장으로 변경해서 공동 사업자등록으로 변경했다.
·· (조세회피)

- 박 원장은 아들에게 현금 1억 원을 주겠다고 약속했다. 그런데 현금으로 주겠다는 처음의 약속을 어기고, 1억 원짜리 땅을 사서 1년 뒤에 주겠다고 한다. 아들은 공시지가가 높지 않아서 불만이다. ······ (절세)

- 임플란트를 전문으로 하는 치과의사 강 원장은 현금으로 받은 수입을 축소해서 신고했다. ··························· (탈세)

- 이 원장은 부동산을 매도하면서 장기보유 특별공제를 많이 받기 위해 계약서 작성 당시의 잔금일자를 뒤로 미뤄서 잔금을 지급했다.

- 의료 소모품비로 1천만 원을 지급하면서 간이영수증을 받지 않고 세금계산서를 발급받았다.

많은 사람들이 절세를 한다고는 하지만, 정작 본인의 행동이 어디에 해당되는지를 잘 모르는 경우가 많다. 그래서 절세, 탈세, 조세회피가 무엇인지를 알아두어야 한다. 이것은 본격적인 운동에 앞서서 기초 체력을 다지는 연습이라 생각하면 된다.

절세란 세법이 인정하는 범위 내에서 합리적이고 합법적으로 세금을 줄이는 행위를 말한다. 절세는 세법을 명확하게 이해하고 응용할 줄 알며 가장 유리한 해결 방안을 제시할 줄 아는 사람이 할 수 있다. 따라서 절세를 원한다면 해당 전문가를 찾아야 하는 것은 당연하다. 절세를 하려면 평소에 증빙자료를 잘 챙기고 장부 정리도 꼼꼼하게 해야 한다. 이렇게 하면 안 내도 될 세금을 최대한 줄일 수 있다.

나아가 세법이 정하고 있는 각종 신고납부 의무를 성실히 이행함으로써 부가가치세 매입세액 불공제나 가산세 등의 불이익을 받지 않도록 해야 한다. 세법에서 인정하고 있는 각종 소득공제, 세액공제, 준비금, 충당금 등의 조세지원 제도를 충분히 활용해 절세 혜택을 챙기는 치밀함도 있어야 한다.

탈세란 고의로 사실을 왜곡하는 등 불법으로 세금 부담을 줄이려는 행위를 말한다. 앞서 살펴본 것처럼 가짜 기부금 영수증을 발급받거나 가짜 세금계산서를 발급받아서 매입세액 공제를 받는 등이 탈세에 해당된다. 탈세를 하면 본래의 세금 추징과 가산세 부과는 물론이고, 형사처분까지 받을 수 있다.

탈세의 유형에는 여러 가지가 있다. 그중에서 국세청이 관심 있게 보는 탈세 유형은 다음과 같다.

- 수입금액 누락
- 실물거래가 없는데도 비용을 지출한 것처럼 처리하는 가공경비의 계상
- 실제 지출보다 비용을 부풀려서 처리하는 비용의 과대계상
- 사실과 다른 계약서 등의 작성, 공문서 위조 등
- 명의위장

조세회피란 세법이 정해둔 거래형식을 따르지 않고 우회행위 등 이상 거래형식을 취하여, 통상의 거래형식을 취한 경우와 동일 효과를 거두면서 세금 부담을 줄이는 것을 말한다. 조세회피 행위는 사법상 거래는 유효하나 부당행위계산의 부인 등 과세표준을 다시 계산한다. 조세회피를 하면 본래의 세금 추징과 가산세는 부과되지만, 형사처분은 없다.

일반인의 입장에서는 조세회피와 탈세를 구분하기가 쉽지 않다. 본인으로서는 상식적인 행위라 여겼는데 세법 입장에서는 조

세회피 행위일 수도 있다. 특수관계자와 거래를 할 때는 세법을 염두해야 한다. 그러므로 미리 전문가와 상담하면서 돌다리도 두드려보고 건너는 생활의 지혜가 필요하다.

본인이 의도하지 않은 탈세나 조세회피 행위를 피하고, 절세 전략을 짜서 세금을 줄일 방법을 도모하면 경제적 이익을 극대화할 수 있다. 쉽게 말해 '절세하면 돈 번다'라는 뜻이다.

절세를 하지 못하면
밑 빠진 독에 물 붓기다

신나라 원장은 서울에 위치한 상가를 10억 원에 구입했다. 공인중개사의 말뿐만 아니라 원장 본인이 나름대로 분석을 해도 수익률이 상당히 높았기 때문에 망설임 없이 상가를 구입했다. 그런데 상가를 구입한 뒤 소득세 신고를 하면서 문제가 생겼다. 1년간 발생한 부동산 임대소득에 대한 수익과 지출을 따져본 결과, 본인이 생각했던 수익률과는 상당한 차이가 있음을 발견했다. 대부분 종합소득세 신고를 하면서 부동산 매입에 대한 투자 의사결정에 중요한 포인트를 놓쳤다는 사실을 깨닫는다. 그 차이는 어디서 발생한 것일까?

이익 계산은 기회비용과 세금까지 고려해야 한다. 그런데 사람

| 세금에 따른 차이 |

명목	세금을 고려하지 않은 경우	세금을 고려한 경우
부동산 매입액	10억 원	10억 원
임대보증금	5천만 원	5천만 원
1년 월세 수입	4,800만 원	4,800만 원
추정 재산세	–	100만 원
추정 종합소득세(부동산 임대 소득만 계산했을 경우)	–	500만 원
지방소득세	–	50만 원
건강보험료 증가분 (1년치 추정)	–	200만 원
순이익	4,800만 원	3,950만 원
투자 수익률	4,800만 원/9.5억 원 =5.05%	3,950만 원/9.5억 원 =4.15%

* 종합소득세의 경우, 복식부기 방식으로 감가상각을 고려하지 않고 단순 계산했음

들은 대개 기회비용까지는 고려해도 세금은 나중의 일이라고 여기는 편이다. 그래서 안일하게 대처하거나 심지어 알고 싶어하지 않는 사람도 있다. 세금 문제는 빨리 알아볼수록 수익률 파악과 투자 의사결정에 긍정적인 영향을 미친다. 진정한 이익이 절세에서 나온다는 사실을 뒤늦게 깨닫는다. 탈세를 하면 가산세 때문에 배보다 배꼽이 커질 수 있다. 절세를 하지 못하면 밑 빠진 독에 물 붓기와 같은 셈이다.

앞선 사례처럼 종합소득세를 고려해야 한다면, 종합소득세뿐

만 아니라 그 소득세로 인한 지방소득세, 건강보험료 증가분도 고려해야 한다. 많은 사람들이 부동산을 취득하고 나서 소득세를 신고할 때 놀라고, 건강보험료 정산금이 나올 때 다시 한 번 놀란다. 매년 발생하는 일련의 비용을 반영해서 구한 수익률이 부동산 임대소득 외에 다른 소득이 존재한다면 수익률 차이가 더 벌어질 수도 있다.

그렇다면 언제 세무사를 찾아야 할까? 보통은 투자 계획을 세울 때 만나는 것이 좋다. 즉 부동산을 취득하기 전에 분석해야 한다는 뜻이다. 부동산을 보유하면서 발생하는 세금과 나중에 처분할 때 발생하는 세금까지 면밀히 분석해야 정확한 수익률을 알 수 있기 때문이다.

수익률 분석에서 가장 중요한 부분이 세금이다. 세법 개정으로 생각지도 못한 변수가 발생할 수도 있고, 잘못된 세법 지식으로 사업을 시작하기도 전에 틀린 의사결정을 하는 경우가 허다하기 때문이다. 세금을 고려하지 않고 투자를 결정하면 잘못된 분석을 하고 만다.

특히 수익률을 분석할 때는 세법 규정을 정확히 이해하고, 앞으로 어떤 추세로 바뀔지 예측할 수 있는 세무사를 만나야 한다. 보통 해당 분야를 전문으로 하는 세무사라면 어느 정도는 예측할 수 있다. 그리고 세법에는 경과규정이라는 게 있기 때문에, 현재의 세법으로 절세 전략을 짜고 세금액을 구해도 별 차이가 없는 경우가 흔하다.

그러므로 세법의 변화에 촉각을 세우는 것은 좋지만, 너무 민감하게 반응할 필요는 없다. 현재의 세법을 기준으로 수익률을 분석하고 판단하면 된다. 중요한 것은 그러한 정보를 '진짜 전문가'에게 얻었냐는 것이다.

인터넷 검색만으로 세법을 해석하려 한다면, 앞의 경우처럼 불상사가 생긴다는 사실을 잊어서는 안 된다. 그러니 세무사에게 수수료를 지불하고 제대로 된 정답을 얻는 게 맞다. 이 정도의 세금 계산을 위한 수수료라면, 닥칠 위험에 비하면 훨씬 저렴하기 때문이다. 자신이 감당할 수 있는 위험의 크기가 어느 정도인지를 파악하고, 그 위험을 감당하기 어렵다면 이를 해결해줄 전문가의 도움을 얻는 것이 현명하다.

투자를 하려면 수익률 분석이 필수다. 수익률 분석에서 세금 문제는 반드시 함께 존재한다. 세금액 계산이든 세금 문제 해결이든, 이를 제대로 해결하지 못하면 잘못된 의사결정을 할 가능성이 높아진다. 그리고 사전에 세무사를 만나서 상담하는 태도는 병에 걸리지 않는 예방법을 의사에게 미리 묻는 것과 같은 셈이다.

주택을 구입할 때도 미래에 해당 주택을 양도할 때 1세대 1주택 비과세 요건이 되는지, 아니면 일시적인 2주택 보유로 비과세 요건이 되는지 등을 미리 파악해둬야 한다. 세법은 매년 바뀌기 때문에 친한 세무사를 곁에 두고 자문을 구하는 습관을 갖는 것이 좋다.

세법에는 정산의 개념이 있다. 소득세에는 연말정산의 개념이 있고, 부가가치세는 확정신고를 통해 정산의 과정을 거친다. 양도소득세는 1년 내에 여러 번 양도하면 앞서 양도했던 물건을 다시 합해서 정산하는 과정을 거친다.

그 이유는 무엇일까? 세금이 기간과세라서 그렇다. 종합소득세와 양도소득세는 1월 1일부터 12월 31일까지 1년의 기간을 단위로 과세하는 세금이고, 부가가치세는 1월 1일부터 6월 30일까지, 7월 1일부터 12월 31일까지 각각 6개월 단위로 과세기간이 정해진다.

부동산 1건을 양도해서 1건의 양도소득만 있는 자가 예정신고를 마치면, 확정신고를 통해 정산의 과정을 거치지 않아도 된다. 하지만 1년간 2건 이상의 부동산을 양도했다면 이전에 발생한 양도소득을 합해서 신고하는 일종의 정산 과정을 거친다. 1년에 2건 이상 부동산을 양도하고, 세법에 이런 사실이 있다는 것을 놓쳐서 낭패를 본 사람도 많으니 주의해야 한다.

세법을 모르면 무죄, 세무사 사용법을 모르면 유죄

▶ 세법을 몰랐던 사례1

페이닥터인 나몰라 선생은 2021년도 귀속 근로소득분에 대해 병원에서 연말정산을 했다. 그리고 병원 외부에서 하는 강의와 아르바이트를 하고 받은 자문료 수입이 있었다. 그는 연말정산만 하면 소득세 정산이 다 끝난 줄 알고 있었다.

그러던 어느 날, 세무서에서 보낸 기한 후 신고안내장을 받았다. 그에게 왜 이런 일이 생긴 것일까? 그는 자의적으로 판단해서 문제가 생겼다. 잘못된 지식으로 세금 문제를 오판했다. 세금의 기본 개념은 알고 있어야 했고, 어떤 경우에 세금 문제가 발생할지, 언제 전문가의 상담이 필요한지 등을 알고 있어야 했다. 핵심은 돈이 움직이면 세금도 따라다닌다는 점이다.

종합소득세는 모든 소득을 종합해서 신고하는 소득이다. 그래서 근로소득뿐만 아니라 사업소득, 기타소득 등이 있다면 소득세 신고기간에 종합해서 신고해야 한다. 나몰라 선생은 그 부분에 대해서 무지했고, 그 결과 기한 후 신고안내장을 받은 것이다.

▎세법을 몰랐던 사례2

김행복 선생은 업계에서 잘나가는 프리랜서 마취과 의사다. 김 선생은 인터넷으로 이것저것 알아보고, 소득세를 단순경비율로 잡은 다음 홈택스에서 직접 신고했다. 하지만 1년 뒤에 단순경비율 대상이 아니라 기준경비율 대상이라는 과세예고통지서를 받았다. 그 결과 1천만 원가량의 소득세 추가납부세액이 발생했다. 종합소득세 추가납부가 1천만 원이면 100만 원의 지방소득세가 추가로 나온다. 그런데 여기서 끝이 아니다. 건강보험료 정산까지 하면 추가로 발생하는 지출이 적어도 1,200만 원 이상이다. 그에게 왜 이런 일이 생긴 것일까?

그는 문제를 해결하는 방법에 문제가 있었다. 인터넷 포털 사이트를 보면 세금 관련 지식이 올라와 있다. 대개 사람들은 인터넷에서 검색하고, 올라온 정보를 바탕으로 신고한다. 이때 문제가 생긴 것이다.

인터넷 검색으로 얻은 세금 정보는 위험하고 한계가 있다. 세법은 그 범위가 방대하고 자주 바뀌기 때문이다. 그러므로 인터넷 검색은 참고만 하고, 전문가를 통해 신고해야 위험을 예방할 수 있다. 투자에는 위험이 따른다. 그러므로 세무사에게 지불하는 비용은 위험을 제거하는 일종의 보험료와 같다. 실질적인 이득을 따져보면 세무대행수수료는 보통 자기가 얻는 경제적 이득의 10분의 1도 안 된다.

세금으로 마음고생을 해본 사람이라면 세무사 사용법에 관심을 갖는다. 사실 문제가 생기면 그때는 지불해야 할 비용이 커진 상태다. 그제야 세무사가 제공해줄 수 있는 서비스가 무엇인지, 그 서비스가 자신에게 얼마나 이득이 되는지, 언제 세무사를 만나야 하는지 등을 진지하게 고민한다.

대다수는 세법을 잘 모른다. 신고기한이 언제인지, 어떤 세금을 신고해야 하는지, 왜 신고를 해야 하는지, 신고를 했다면 언제까지 납부해야 하는지 모른다. 병원에서 연말정산만 하면 세금 신고를 할 일은 없을 거라 여긴다.

사업을 하는 경우라면 어떨까? 경기가 안 좋으면 신고를 안 해도 된다거나 매출액은 발생했지만 지출한 돈이 많아서 남는 게 없다고 세금도 없다고 생각하는 사람이 있다. 이때 문제는 잘 모르거나 잘못 알고 있다는 점이다. 그러니 돌다리도 두드려보고 건넌다는 생각으로 세무 상담을 해야 한다. 사례1의 나몰라 선생처럼 본인의 생각으로만 세금 문제를 판단하고 결정하는 것은 위험한 행동이다.

세무사 사용법을 익혀라

최사랑 원장은 성형외과를 운영하는 대표원장이다. 어느 날 병원은 세무조사를 받았고, 그 결과 병원 매출누락분 3억 원에 대한 부가세, 소득세, 지방소득세, 가산세를 납부하라는 통보를 받았다. 최 원장은 3억 원은 매출누락이 아니라고 주장했지만 받아들여지지 않았다. 왜 이런 일이 벌어진 것일까? 그리고 어떻게 대처해야 했을까?

최 원장 같은 사례는 극히 드문 일이다. 그는 본인의 담당 세무사를 믿지 못해서 본인이 직접 세무조사에 대응했고, 자료 소명도 본인이 직접 했다. 그래서 문제가 생겼다. 세무조사 후에 부과된 세금만 해도 2억 원가량 되었고, 건강보험료 정산까지 더하면 금액은 더 컸다.

실제로 3억 원이 매출누락이 아니라는 사실을 제대로 소명했으면 되었을 문제인데, 소명이 충분하지 않아서 나온 결과였다. 게다가 소명하라는 서면 통지를 받기 전에 세무사와 의사소통 없이 이루어진 것도 문제였다.

세무사와의 관계에서 가장 중요한 것은 신뢰다. 필자 역시 세무사라는 직업이 고객에게 신뢰를 파는 직업이라고 생각한다. 상호 간에 신뢰가 있어야 한다. 그래야 금전 문제를 터놓고 이야기할 수 있지 않겠는가. 오랫동안 일을 맡겼다는 이유로 신뢰가 깨졌는데도 억지로 그 관계를 유지할 필요는 없다. 오히려 친분이 있는 세무사에게 맡기는 것보다는 업무 관계에 있는 세무사에게 일을 맡기는 것이 좋다. 나중에 비즈니스 관계가 틀어지더라도 인간관계가 틀어질 일은 없을 테니 말이다.

세무사를 믿지 못해서 사실을 감추고 일부만 말하거나 자기에게 유리하게 말하는 고객들도 꽤 있다. 그런데 중요한 것은 그렇게 해서는 도움이 안 된다는 점이다. 절세에 전혀 도움이 되지 않는다. 사실대로 말해야 세무사가 도울 수 있다. 그것이 세무사의 일이다.

세법은 냉정하다. 사실판단은 본인이 하는 것이 아니라, 세무공무원이라는 제삼자가 한다는 사실을 기억하자. 그러므로 다른 사람이 봤을 때 인정할 만한 객관적인 증빙자료를 제시해야 한다. 그리고 공감하고 이해할 만한 증거자료를 제시해야 한다. 세무서에서 세금을 부과하는 일은 근거과세 원칙에 따라 이루어진다. 따라서 타당한 근거 자료 없이 주장만 한다면, 그저 우기는 일밖에 되지 않는다. 그러니 계약을 맺은 세무사에게 사실관계를 정확하고 솔직하게 제시하자. 감추면 본인만 손해다.

세무사는 고객의 편이다. 세무서 입장을 대변한다고 생각해서 아쉬워하는 고객들도 있지만, 사실 그렇지 않다. 세무서 측과 납세자 측의 입장을 각각 고려한 후, 최대한 좋은 결과를 얻고자 노력한다는 것을 잊지 않았으면 한다.

세무사도 사업자이고, 세무업도 비즈니스다. 자신의 고객이 잘되지 않길 바라는 세무사는 없다. 고객의 이익이 커지고 절세를 할수록, 세무사의 비즈니스도 잘되는 것이기 때문이다. 세상에는 많은 '전도사'가 있다. 건강전도사, 웃음전도사, 행복전도사 등이 그렇다. 그렇다면 세무사는 어떤 전도사일까? 바로 '절세전도사'이다. 그러므로 (세)무사가 아닌 (절세전)도사를 찾는다는 생각으로 세무사를 찾아보자.

세무사, 회계사, 변호사 등 세무 업무를 대행할 수 있는 자격이 있는 사람을 세무대리인이라 칭한다. 앞으로 세무사 또는 세무대리인이라고 언급하면 세무 전문가를 포괄적으로 표현한 것으로 알기 바란다.

▶ 증빙자료를 돈이라 생각하라

돈이 많거나 사업을 해본 사람, 세금 때문에 마음고생을 한번쯤 해본 사람들은 대체로 업무 기록을 잘 해두거나 증빙할 만한 영수증을 잘 챙겨둔다. 다만 병원 개원이 처음이거나 재산이 많지 않거나 세금으로 마음고생을 해본 적이 없다면, 증빙자료를 덜 챙기는 것 같다.

'증빙'이라는 용어조차 낯설어하는 경우가 허다하다. 일이 잘못되거나 세금 문제가 생겼을 때 일종의 '방어막'인 증빙자료가 허술하다는 뜻이다. 돈을 모으듯이 증빙자료를 모아두면 훗날 세금으로 인한 고통이 줄어들 것이다.

▶ 상담료, 무료가 좋을까 유료가 좋을까?

만약 필자가 고객의 입장이라면 유료 상담을 선택할 것이다. 물론 무료 상담의 장점은 있다. 고객 입장에서는 돈이 들지 않기 때문에 좋다. 그런데 반대로 생각해보면 세무사는 돈을 받지 않기 때문에 서류 검토를 상대적으로 덜할 수 있다. 그러니 웬만하면 유료 상담을 추천한다.

▌수수료가 아니라 세금을 깎아라

사람들이 세무사의 일을 기장하고, 세금 신고를 대행하는 단순 업무를 한다고 생각하는 것 같다. 그래서 '싼 게 비지떡'이라는 생각에 수수료가 가장 저렴한 곳을 찾으려 한다. 그런데 중요한 점을 놓쳐서는 안 된다. 수수료보다 더 중요한 것은 세금을 줄이는 일이다. 지불하는 수수료 이상의 절세를 해주는 유능한 세무사를 찾는 것이 최선인데, 무조건 저렴한 곳만을 찾다 보면 포인트를 놓칠 수가 있다.

많은 사람들이 기장수수료가 싼 곳에 업무를 맡기면서 그 이상의 서비스를 요구하기도 한다. 마치 1천 원짜리 김밥을 주문하고서 5천 원 정도의 김밥이 나오기를 기대하는 심리와 같다. 물론 사람인지라 수수료도 아끼고, 세금도 많이 줄여주는 세무사를 찾고 싶은 것은 당연지사다.

그런데 세무사도 서비스를 제공하는 사업가다. 손익분기 이상의 수입을 벌어들여야 사무실도 운영하고 직원 월급도 줄 수 있다. 기장료가 싼 업체라면 대개 인건비가 싼 초짜 직원이 일을 맡을 수밖에 없다. 세무사가 검토하는 업체도 기장료가 높은 업체 순으로 볼 수밖에 없다. 투입되는 시간은 한정되어 있어서 검토에서도 뒤로 밀린다. 시간이 안 되면 대충 보고 넘길 수도 있다. 그렇기 때문에 기장수수료가 싼 곳을 우선순위로 찾는다면, 세무 서비스의 질은 낮아질 수밖에 없다는 점을 간과해서는 안 된다.

▶ 인터넷에서 찾은 세법?

만약 인터넷에서 세법을 찾아봤다면 세무사에게 그 내용을 출력해서 보여주는 것이 좋다. 대충 읽거나 오래전의 글을 읽고 이야기한다면 부정확하기 때문에 세무사에게 혼란을 줄 수도 있다.

▶ 국세청 출신의 세무사가 나을까?

세무공무원 생활을 해본 세무사가 있고, 그렇지 않은 세무사가 있다. 요즘은 세무사 시험의 합격자 90% 정도는 순수 시험만 본 세무사다. 필자 역시 세무서에서 근무해본 적이 없고, 일반 기업에 다니다가 합격한 세무사다.

세무 업무를 하다 보면, 국세청 출신의 세무사가 유리한 분야가 있고 그렇지 않은 분야가 있다. 필자가 경험한 바로는 지방청 세무조사 업무라면 국세청 조직의 시스템을 이해한 국세청 출신의 세무사가 어느 정도 유리한 것 같다.

그러나 이외의 업무, 즉 일선 세무서 세무조사, 세무기장 업무, 상속·증여세, 양도소득세 등에서는 별다른 차이를 느끼지 못했다. 대부분의 업무가 사전 절세 전략이 중요하기 때문이다. 이보다는 전문 분야에 대해 세무기장 등 관련 업무를 얼마나 경험해봤느냐가 더 중요하다.

요즘은 업무가 전산화돼서 담당 세무서 직원들과 마주칠 일도 거의 없다. 넘쳐나는 업무량에 세무서 직원들도 세무사에게 관심

없고 본인들 자료처리 하기도 바쁘다. 그러니 제대로 된 신고서를 접수하면 그만인 경우가 대부분이다.

▶ 왜 세무사마다 상담 답변이 다를까?

세무사와 상담을 하고 나서 이런 생각이 들 수도 있다. '왜 세무사마다 답변이 다르지?'라고 말이다. 사실 큰 틀만 보면 어느 세무사가 일을 처리하든 차이는 별로 없다. 다만 세부적인 부분이나 쟁점이 될 만한 부분에서 견해가 달라진다. 그 이유가 무엇일까? 한번 살펴보자.

첫째, 세무사가 해당 분야의 전문가가 아닐 수도 있다. 의사도 개인마다 의술에서 차이가 있듯이 세무사도 경력과 실력 면에서 차이가 난다. 그러니 답변이 다를 수 있다. 일반적으로 세무사는 전문 분야가 최소 3~5개 정도다. 경력이 짧거나 세무 업무에 신경을 안 쓰는 세무사라면 딱히 전문 분야 없이 두루두루 일한다.

둘째, 상담하는 고객이 제한된 정보만 제공한 경우일 수 있다. 개인 사정을 공개하기 꺼려서 대략적인 정보만 제공하면, 세무사도 상황을 정확하게 파악하기가 어렵다. 그러니 답변이 달라진다. 가능하면 상담할 때 솔직하게 정보를 오픈하는 것이 좋다. 고객 입장에서는 창피하다고 느낄 수 있겠지만, 세무사 입장에서는 특별하거나 다르게 생각하지 않고 그저 업무로 대할 뿐이다.

셋째, 여러 가지 쟁점이 꼬인 경우일 수 있다. 복잡한 상황이면 세금 문제를 풀어가는 방식이 여러 가지다. 그만큼 다양한 견해가 나오기도 한다.

넷째, 상담료 지불 여부, 지인 소개인지의 여부, 세무사의 적극성 여부에 따라서 상담 내용이 달라지기도 한다.

원장님이 알아두면 좋은 세무 실무용어

세무사와 상담을 하더라도 어느 정도 일반적인 용어를 알아두면 양질의 상담이 가능하다. 여러 용어 중에서 일반인도 알아두면 좋을 내용은 다음과 같다.

▶부가가치세

부가가치세란 생산·유통 과정에서 공급되는 상품(재화) 또는 용역(서비스)에 부과되는 세금이다. 사업자등록이 일반과세자나 간이과세자로 되어 있다면, 사업을 할 때 부가가치세가 항상 따라다닌다고 생각하면 된다. 만약 병원처럼 면세사업자인 경우라면 부가가치세는 없다. 사업자등록증 중에서 일반과세자라면 부가가치세 신고를 꼭 기억해야 한다. 면세사업자라면 부가가치세 신고 대신에 면세사업장현황신고를 해야 한다는 사실을 기억하자.

▎종합소득세

종합소득세란 개인이 1년간 얻은 소득에 대해 신고하는 세금이다. 여기에서 소득이란 이자소득, 배당소득, 사업소득, 근로소득, 연금소득, 기타소득 등을 포함한다. 종합소득세는 말 그대로 개인에게 발생한 모든 소득을 신고하는 것으로, 사업자등록증 유무에 상관없이 소득이 있다면 신고의무가 발생한다.

프리랜서로 일하는 경우에는 이미 원천징수로 3.3%의 세금을 냈으니 소득세에 대한 의무가 끝났다고 생각하는 사람들이 많다. 그런데 종합소득세 신고를 해야 소득세에 대한 의무를 마쳤다고 볼 수 있다.

▎양도소득세

본인 명의의 부동산 또는 부동산 권리를 팔았을 경우에 발생하는 세금이 양도소득세다. 본인 소유의 부동산을 팔았다면 일정 기간 내로 양도소득세 신고를 반드시 해야 한다.

▎법인세

법인세란 법인이 얻은 소득에 대해 신고하는 세금이다. 개인 소득에 대한 세금이 소득세이고, 법인이 얻은 소득에 대한 세금이 법인세다. 법인세와 소득세는 소득에 대한 세금이라는 점에서 같다. 다만 그 주체가 개인이냐 법인이냐에 차이가 있다.

▌지방소득세

지방소득세는 지방자치단체에 신고납부하는 세금으로, 소득세와 법인세에 10%를 가산해서 부과하는 세금이다. 그래서 소득세를 신고한 후에 소득세와 지방소득세를 납부하고, 법인세를 신고한 후에는 법인세와 지방소득세를 납부한다. 환급을 받는 경우에는 소득세와 지방소득세, 법인세와 지방소득세를 환급받는다. 일종의 실과 바늘이라고 생각하면 된다.

▌원천징수세

수입금액을 지급할 때, 직원이 납부할 세금을 원장이 급여를 지급할 때 징수해서 대신 납부하는 세금으로 원천세, 즉 원천징수세라고 한다. 병원에서 직원에게 급여를 지급할 때 병원은 일정한 세금을 떼고 지급한다. 이때 병원이 뗀 세금을 원천세라 하고, 해당 병원은 그 세금을 세무서에 납부한다.

프리랜서에게 500만 원의 급여를 지급한다고 가정하면 3.3%에 해당하는 세금인 16만 5천 원을 뗀다. 이것이 원천세가 되고, 원천징수한 세금을 제외한 금액 483만 5천 원을 프리랜서에게 지급한다. 원천징수를 하지 않으면 급여를 지급하는 병원에 가산세라는 불이익이 따른다.

▎증여세·상속세

살아생전에 경제적 가치가 있는 재화나 용역을 무상으로 주는 것을 증여라고 한다. 그리고 사망 후에 재산을 이전해주는 것을 상속이라 한다. 증여로 인해 발생하는 세금을 증여세, 상속으로 인해 발생하는 세금을 상속세라고 한다.

▎연말정산

연말정산이란 근로소득자의 급여소득에서 원천징수한 세액의 과부족을 연말에 정산하는 것을 말한다. 대개 1~2월에 연말정산을 하려고 각종 영수증을 챙기는 일은 근로소득자, 그러니까 흔히 '월급쟁이'가 하는 일이다. 파트타임으로 일하는 원장의 경우, 프리랜서로 3.3%가 적용되는 사업소득이 발생하는 경우에는 연말정산이 없고, 종합소득세 신고를 통해 세금을 정산한다.

▎기장·기장료·조정료

기장이란 장부 작성을 의미한다. 기장료란 세무사에게 장부 작성을 의뢰하고 일정한 수수료를 매달 지불하는 것이다. 소득세 신고 때는 결산과 세무조정을 한 후에 신고를 해야 한다. 그러므로 조정료 또는 결산조정료라고 부른다. 부가세, 소득세 신고 기간에만 잠깐 신고대행을 의뢰하는 경우에는 기장료가 아닌 신고대행 수수료가 발생한다. 매달 기장료를 주었는데 조정료를 왜 줘야 하는지 이해하지 못하는 사람들도 있다. 하지만 기장대행을 의뢰한 경우에는 기본적으로 기장료와 조정료가 함께 발생한다고 보면 된다.

▌과세·과세기간·신고납부기간

과세란 세무서에서 세금을 매기는 일이다. '과세한다'라는 표현은 세무서에서 세금을 부과한다는 의미다. 과세기간은 소득세, 법인세, 부가가치세 등 일정한 기간에 과세표준을 계산하는 시간적 단위를 말한다.

소득세 과세기간은 매년 1월 1일부터 12월 31일까지, 법인세 과세기간은 법령 또는 정관 등에서 정하는 사업연도이다. 부가가치세는 1월 1일부터 6월 30일까지를 1과세기간, 7월 1일부터 12월 31일까지를 2과세기간으로 규정하고 있다.

신고납부기간은 소득세, 법인세, 부가가치세를 신고하고 납부하는 기간을 말한다. 소득세는 5월 1일부터 5월 31일까지(성실신고대상자는 6월 30일까지)이고, 부가가치세는 1월 1일부터 1월 25일까지, 7월 1일부터 7월 25일까지다.

▌사업자등록증

사업자등록이란 사업자를 정부의 대장에 수록하는 것을 말한다. 이때 사업하려는 자가 세무서에 사업자로 등록함으로써 발급

되는 증서가 사업자등록증이다. 우리나라 국민에게 주민등록증이 발급된다면, 사업자에게는 사업자등록증이 발급된다고 이해하면 쉽다.

▋국세청·지방국세청·세무서

가끔 국세청과 세무서를 헷갈리는 사람들이 있다. 그리고 세무서와 세무사가 무엇인지 정확히 모르는 사람들도 있다. 이는 용어를 명확하게 알지 못해서 비롯되는 일이다. 세무사는 국가시험에 합격해서 자격을 얻는 전문 자격사다. 세무사가 개업을 하면 세무관련 서비스를 제공하는 일종의 사업자가 된다. 세무서는 세금을 부과하고 징수하는 국가기관이다. 그래서 세무서에서 일하는 사람은 사업자가 아니라 국가공무원이다

과세관청은 세금을 부과하는 관청을 말한다. 우리나라에서 국세를 부과하는 과세관청은 국세청이 있고, 그 산하에 지방국세청이라는 지방청이 있다. 지방국세청 산하기관에는 일선 세무사가 있다. 경찰청 아래에 지방경찰청, 그 아래에 일선 경찰서가 존재하는 구조처럼, 국세청 아래에 지방국세청, 그 아래에 세무서가 존재한다. 세무조사의 규모가 크면 클수록 상위기관에서 조사 및 검토를 한다. 서초세무서, 포천세무서, 의정부세무서, 남양주세무서 등 일선 세무서는 과세관청을 의미한다.

세무사는 변호사, 변리사, 공인중개사처럼 전문 자격사에게 붙

여진 명칭이다. 납세자의 세금 문제를 도와주고, 대리인의 역할을 수행한다. 쉽게 말해 세무서는 국가기관이고 세무사는 전문 지식을 갖춘 개인사업자다.

▶ 가산세·과태료·벌금

가산세란 세법에서 규정하는 의무를 성실하게 이행하도록 하기 위해, 해당 세법에 의해 산출한 세액에 가산하여 징수하는 금액을 말한다. 세금과 관련한 문제는 대부분 가산세(가산금)다. 과태료는 주차위반처럼 행정법상 의무위반에 대한 제재로써 부과 징수되는 금전을 말한다. 벌금은 법인으로부터 일정액을 징수하는 형벌이다.

▶ 법적증빙

법적증빙(적격증빙)이란 세법상 인정되는 증빙 서류를 말한다. 법적증빙을 발행 또는 수취하지 않는다면 가산세 부과 등 세무상 불이익이 따른다. 법적증빙에는 세금계산서, 계산서, 현금영수증, 신용카드 매출전표가 해당된다.

▶ 홈택스

국세청에서 운영하는 사이트다. 각종 세금 신고 및 납부, 세무 자료 조회, 민원증명서류 발급, 신청서 제출, 상담 및 제보, 전자세금계산서 발급 등 세무 관련 업무를 할 수 있다. 사업자는 물론이고 일반인도 알아두면 유용한 사이트다.

▶ 위택스

위택스에서는 지방세를 총괄적으로 다룬다. 지방세 신고 및 납부, 납부내역 조회, 고지내용 조회, 체납확인 등 지방세 관련 업무를 편리하게 확인하고 처리할 수 있다.

▶ 전자세금계산서

전자세금계산서란 온라인으로 세금계산서를 주고받을 수 있도록 구현된 거래 방식이다. 홈택스에서 직접 발급이 가능하고, 전자세금계산서 발급을 대행하는 사이트에서 발급이 가능하다. 일정한 요건을 갖추면 전자세금계산서를 의무 발급해야 한다. 앞으로 세법 추세도 전자세금계산서를 발급하는 방향으로 가고 있으니 기억해두면 좋다.

과거에는 종이 세금계산서를 발급했다. 그러다가 보관 의무도 없고, 발급하면 상대방도 인터넷에서 확인이 가능한 전자세금계산서 발급을 선호하는 추세다.

개원한 원장님을 위한
세무사 사용 설명서

왜 세금 신고를
잘해야 할까?

▌세금 신고 사례1

파트타임으로 근무하는 김상식 선생은 종합소득세 신고기간이되어 소득세 신고를 했다. 이때 본인을 단순경비율 대상자라고 판단해, 홈택스에서 단순경비율로 소득세 신고를 했다. 소득세 신고기간이 종료된 지 몇 달 후, 세무서에서 과세예고통지 안내문이 날아왔다. 기준경비율 대상인데 단순경비율로 잘못 신고했으니, 추가 납부세액인 소득세 1천만 원을 더 내라는 것이었다.

세무서에서 부과하는 세금은 국세이고, 시청 또는 구청 등 지방자치단체에서 부과하는 세금은 지방세다. 그리고 소득세나 법인세에는 해당 세금의 10%만큼 지방세가 부과된다. 앞서 국세 1천만 원이 부과된 것이고, 지방세 100만 원이 추가될 것이다.

그리고 건강보험료가 정산되면 보험료 정산액까지 추가될 예정이므로, 단순히 소득세 문제만으로 해결될 문제가 아니다. 소득세가 나오면 지방세, 건강보험료까지 추가로 납부해야 하는 일이 발생하는 것이다.

만약 김 선생이 세무사와 상담했다면 어땠을까? 신고의무대상을 확인한 후에 신고했다면 어떤 결과였을까? 김 선생처럼 세법을 잘 모르는 사람들에게 세무서에서 선처할 수는 없는 걸까?

▶ 세금 신고 사례2

지방에서 치과를 운영하는 박 원장은 환자가 늘면서 돈을 많이 벌었다. 몇 년 뒤 서울에 소재한 꼬마빌딩을 취득했다. 그는 환자들에게 진료비를 현금으로 받아서 현금 매출이 상당했다. 그래서 현금 매출을 원래보다 적게 신고해서 소득세를 줄였다. 문제는 꼬마빌딩을 취득하고 난 뒤였다. 관할 지방국세청에서 자금출처 조사가 나왔기 때문이다. 박 원장은 꼬마빌딩을 취득한 자금출처를 어떻게 입증할까?

납세의 의무는 초등학교 때부터 배웠던 내용이다. 우리가 해야 할 일은 절세다. 절세는 세금 신고를 '잘' 해야 한다. 세금 신고를 통해 얻을 수 있는 세액공제나 감면을 의미한다. 성실한 신고로 가산세 제재를 피하는 것도 절세의 한 방법이다. 납세자 대부분이 세금 신고를 제대로 해야겠다고 생각하는 것은 왜일까? 아무래도 현지확인 조사나 세무조사 같은 국세청의 간섭 때문이 아닐까 싶다. 많은 납세자가 국세청을 두려워하는 것도 사실 국세청의 세무조사권 때문이다. 그런데 대개 이 사실을 알고 있으면서도 세금 신고를 소홀히 한다.

첫 번째 사례의 김상식 선생은 인터넷으로 세금 문제를 해결하려던 것이 문제였다. '정보의 바다'에서 올바른 정보를 건져 올렸다면 다행이지만, 옳은 물고기가 아니었다. 제대로 된 물고기를 잡았다한들 요리법을 모른다면 헛수고다. 인간은 이기적인 면이 있어서 조금이라도 자기에게 유리한 규정이 있다면 합리화하려고 한다.

세법 혜택 규정에는 '요건'이 있다. 그러니 제시된 요건들이 자신에게 정확히 맞는지를 판단해봐야 한다. 세액공제나 세액감면처럼 혜택이 큰 규정일수록 요건을 더 엄격하게 해석해서 적용해야 한다.

김 선생은 어떤 실수를 한 것일까? 기준경비율에 대한 검토 없이 본인에게 유리한 단순경비율을 적용해서 신고한 점이 문제였다. 설사 본인이 단순경비율의 대상일지 몰라도 '인터넷 검색만 믿지 말고 전문가를 통해서 한 번이라도 검토했다면 문제가 없었을 텐데' 하는 아쉬움이 남는다.

두 번째 사례의 박 원장은 현금 매출 누락이 문제였다. 소득세와 지방소득세를 적게 낼 당시에는 기뻤을지 모른다. 그런데 자금 출처 조사를 한 번이라도 겪으면 매출 과소 신고가 결코 달콤하지 않을 것이다.

부동산 등 자산을 취득하면 취득 재산에 대한 자금출처를 소명해야 하는 경우가 있다. 국세청의 시스템과 정보력은 생각보다 허술하지 않다. 세금은 장기적으로 이어지고 보험의 기능도 한다. 그러므로 납세자 입장에서 절세 전략은 장기적인 관점에서 세워야 한다. 절세 관련 서적을 많이 읽는다고 해도 혼자의 힘으로는 한계가 있다. 어떤 세금이든지 전문가에게 장기 관점에서 절세 전략을 세워달라고 요청하는 것이 좋다.

자금출처 조사나 세무조사 업무를 하다 보면, 마치 국세청과 마주 앉아 장기를 두는 기분이 들 때가 있다. 국세청은 조세채권 확보를 위한 과세처분이라는 장군을 때리고, 나는 과세처분을 피하기 위해 자료소명이라는 멍군을 때리는 듯하다. 이 장기판에서 국세청을 이기려면 세금 신고를 잘 해야 한다는 것을 명심하자.

세금 신고를 잘해야 하는 이유

- 국민의 성실한 납세의무 이행을 위해

- 절세를 위해

- 가산세 제재를 피하기 위해

- 국세청의 간섭을 피하기 위해

- 자금출처 소명을 위해

- 은행 대출 심사를 잘 받기 위해

원장님이 세무사를 활용했을 때 좋은 점

세무사가 무엇을 하는 직업인지, 어떤 서비스를 제공하는지 모르는 사람들이 많다. 그런데 병원을 운영하거나 사업을 하는 사람이라면 세무사를 곁에 두는 것이 좋다. 사업자에게 세무사는 바다의 등대가 아닐까 싶다. 지금부터 세무사가 제공하는 서비스에 대해 살펴보자.

▶ 지출 비용을 정리해준다

세무사 사무실은 기본적으로 사업과 관련해서 지출된 비용에 대한 증빙들을 바탕으로, 6개월 또는 1년 동안 지출한 비용을 정리해준다. 이를 기장서비스라고 표현한다. 면세사업장현황신고 또는 부가세 신고를 통해서 매출 정리와 증빙이 있는 경비에 대한 정리가 이루어지고, 부가율이 어떻게 되는지 분석할 수 있다. 부가율을 통해서 소득세와 법인세에 대비한 소득률 분석 및 소득세·법인세의 절세 전략을 구상하고 준비한다.

▌병원 업무에 집중하게 한다

병원 운영을 하다 보면 직원 관리, 세무, 회계, 마케팅 등 관리하고 신경 써야 할 부분이 많다. 이때 세무사를 이용하면 세무 관리 부분을 믿고 맡길 수 있다. 병원 운영을 막 시작했거나 규모가 작은 의원을 운영하는 원장님은 세무와 회계까지 관리받을 수 있다. 부가세, 소득세, 법인세, 인건비 관련한 원천세 등을 신고·납부기간을 놓치지 않고 처리할 수 있다. 그래서 원장님은 본인의 업무에 더욱 집중할 수 있고, 세무 업무는 세무사 사무실에 맡기니 업무 부담을 크게 줄일 수 있다.

▌세무 관리를 해준다

병원에 환자가 많아지고 매출이 늘면 세금도 당연히 증가한다. 그런데 매출액이 늘어난다고 해서 무조건 돈을 버는 것은 아니다. 개원 초기에는 수입보다 세금을 더 내는 경우도 있다. 왜 그럴까? 이는 지출 비용에 대한 증빙자료를 제대로 준비하지 않아서다. 그러니 개원을 준비하고 있거나 개원을 한두 달 정도 앞뒀다면 세무사와 기장계약을 체결하고 사전에 관리받는 것이 좋다. 세무사 사무실에 매월 지불하는 세무 관리 비용은 비싸지 않을뿐더러, 세무 수수료도 크게 변동이 없기 때문이다.

세무사 사무실에 지불하는 비용 이상의 절세 혜택을 보기 때문에 세무 관리를 받는 것을 추천한다. 세무사 사무실에서는 개원을 준비하면서 챙겨야 할 자료는 무엇인지, 세금 신고기간에 챙겨야 할 자료는 어떤 것이 있는지, 절세를 위한 준비 서류는 무엇인지 등을 안내해줄 것이다.

▌세금을 줄여준다

사업을 막 시작한 사람이라면 본인이 어떤 세금 혜택을 받을 수 있는지, 그리고 그 요건이 어떤지를 잘 모른다. 간혹 나이가 젊은 원장님들은 인터넷에서 세무 지식을 얻기도 하는데, 정확한 정보가 아니기에 예기치 못한 사고가 발생하기도 한다.

최근에 개원을 앞둔 원장님이 상담을 요청했다. 상담 주제는 '개원했을 때 어떤 세금 혜택을 볼 수 있는지'에 대한 것이었다. 내용을 검토해보니, 지방에서 개원해서 의료장비 취득에 대한 통합투자세액공제, 그리고 직원 채용으로 인한 통합고용 세액공제 등 세액공제 규정을 적용할 수 있는 사례였다. 이럴 때는 어떤 방법으로 직원을 채용하는지, 근로계약서는 어떤 방식으로 작성해야 하는지 등을 안내해준다. 이처럼 일반인이라면 쉽게 놓칠 수 있는 절세 혜택을 얻을 수 있다.

▶세무조사에 대비할 수 있다

사전에 절세 컨설팅을 받아 세무조사에 대비할 수 있고, 막연한 불안을 떨칠 수도 있다. 예를 들어 아버지와 아들이 공동명의로 토지를 구매했다. 아들 명의로 상가건물을 지어서 임대업을 하려는 계획이었다.

만약 세무사에게 자문하지 않고 공동명의로 된 토지에 아들 명의의 건물을 지어, 아들이 단독사업자로 사업자등록을 했다면 어떻게 될까? 물론 국세청에 바로 걸리지 않을 수는 있다. 하지만 몇 년이 지나서 발각되면 아들에게는 증여세 문제가, 아버지에게는 소득세 문제가 생긴다. 다행히 그들은 세무사의 자문을 거쳐서 공동사업자로서 사업자등록을 해 세무 관련 위험을 줄였다.

▶세무 정보 검색기의 역할을 한다

병원을 운영하면 여기저기에서 세금 관련 정보를 들을 것이다. 차를 사면 부가세 환급이 된다든지, 주택임대소득도 소득세를 내야 한다든지 부정확한 정보로 고민하는 사람들이 많다. 이때는 한 가지만 생각하자. 담당 세무사에게 문의해보면 된다. 잘못된 정보를 듣고서 나중에 억울한 일을 겪는 사람을 볼 때면 안타까운 마음이 든다. 따라서 세무 지식을 확실하게 검증해주는, 근거를 찾아주는 '검색기' 같은 세무사를 이용하라.

▌세금계산서 발급 안내를 받을 수 있다

개원을 하거나, 본인 건물을 새로 짓거나, 꼬마빌딩을 취득하는 경우에 세금계산서 발급이 중요할 때가 있다. 이때는 종이로 세금계산서를 발급할 때의 유의점, 전자세금계산서로 발급할 때의 유의점, 그리고 수정발급 안내 등 관련 사항을 안내받을 수 있다.

▌소명 요청에 대응할 때 도움이 된다

병원을 운영하는 원장님이라면 세무서에서 보낸 우편물이나 전화가 왔을 때, 평소에 세무 관리를 해주는 세무사가 있기 때문에 물어볼 수 있다. 그러면 세무사가 세무서의 담당자와 통화해보고 내용을 파악한 다음, 이에 적합한 조치를 취한다.

그런데 개원하지 않거나 개원을 했더라도 원장님 본인이 모든 업무를 처리하려고 한다면 이야기가 달라진다. 대개 대응이 미흡하거나 부적절한 자료를 제출함으로써 과세를 당하는 경우가 있다. 그들은 억울하다고 말한다. 그런데 소명자료나 세무서에서 요구하는 자료를 제대로 제출하지 못했기 때문에 벌어진 일일 뿐이다.

세무사가 아닌 원장님 본인이 자료를 제출하거나 소명을 해도 차별이나 불이익은 없다. 다만 자료가 미흡하거나 부적절해서 문제가 된다. 따라서 전문가의 도움을 받는 것이 가장 낫다. 세무사가 하는 여러 업무 중에서 '요청에 대한 소명'도 하나의 업무이니 말이다.

이처럼 세무사를 통해 기본적인 서비스를 제공받을 수 있다. 더 나아가 사업의 규모나 특성, 부동산이나 주식 등 자산운영 방식에 따라 다양한 서비스를 제공받을 수 있다.

세무 상담이 필요한 사례들

▶ 세무 상담이 필요한 사례1

개원을 준비 중인 이 원장은 병원 임대차계약을 마쳤다. 인테리어 업체와도 계약했고 직원 채용도 준비하고 있다. 그런데 앞으로 생길 세금 문제는 어떻게 해야 할지 몰랐다. 이미 개원한 선배나 동료들은 세무 상담을 잘해야 한다고 하는데 언제, 어떤 내용으로 세무 상담을 해야 할지 가늠이 되지 않았다.

이 경우는 세무 상담을 하는 타이밍과 상담 내용과 관련 있다. 세무 상담은 '돈이 움직이기 직전'에 하는 것이 가장 좋다. 개원을 한다면 개원하기 직전에 상담하는 것이 적절하다. 병의원을 상대로 기장을 많이 해본 세무사라면 원장에게 필요한 사항이 무엇인지를 안내해줄 수 있다. 개원을 준비하면서 챙겨야 할 증빙자료 및 계약서, 절세를 위한 근로계약서 작성법 등 개원하기 전에 미리 안내받는 것이 중요하다.

▶세무 상담이 필요한 사례2

박 원장은 같은 건물에 있는 다른 병원 원장들이 세금을 환급받았다는 소식을 들었다. 그는 "세금은 납부만 하는 것인 줄 알았지 환급이라는 것은 생각도 못했다"라고 했다. 다른 원장들은 어떻게 했길래 세금을 환급받았을까?

이 사례는 경정청구를 통해 그동안 놓친 세액공제나 세액감면을 적용받아 세금을 환급받은 사례다. 직원을 채용해서 고용이 늘면 고용증대 세액공제와 사회보험료 세액공제 같은 통합고용 세액공제 혜택을 받을 수 있다. 그러므로 직원을 채용하기 전에 세금 상담을 받는 것이 좋다. 만약 세액공제, 세액감면 혜택을 챙기지 않았다면 추후에 경정청구 절차를 통해 세금을 환급받을 수 있다.

▶세무 상담이 필요한 사례3

내과 개원을 앞둔 한 원장은 인테리어 업체와 계약을 맺었다. 그런데 인테리어 업체 담당자가 인테리어 대금에 부가세를 별도로 달라고 했다. 면세사업자는 부가세를 별도로 지급한다고 해도 부가세를 돌려받을 일이 없다. 한 원장은 '부가세를 안 주고 현금으로 지급하면서 세금계산서를 안 받는 것이 더 유리한지, 아니면 부가세를 주고 세금계산서를 받는 것이 절세에 더 유리한지'가 궁금해졌다.

이때 장기적인 관점에서 세금 상담을 받는 것이 중요하다. 부가세를 더 주고 세금계산서를 받는 것이 나중에 발생할 수 있는 적격증빙 과소수취 소명과 자금출처 조사에 대비할 수 있다. 그러므로 이렇게 돈 거래가 발생한다면 사전에 상담을 받고, 장기적이고 거시적인 관점에서 절세 대책을 마련해야 한다.

▶ 세무 상담이 필요한 사례4

개원한 지 얼마 안 된 차 원장은 직원을 채용해 근로계약을 하려고 한다. 직원을 채용할 때 근로계약서를 작성해야 하는데, 이때 어떤 방식으로 작성해야 절세에 도움이 될까? 인터넷에 떠돌아다니는 근로계약서 양식을 받아서 작성만 하면 되는 것일까?

근로계약서를 어떻게 작성하느냐에 따라 세액공제 여부가 달라진다. 그만큼 근로계약서 작성은 중요하다. 인터넷에 떠도는 근로계약서를 다운받아서 작성하는 것보다 세무사에게 근로계약서 샘플을 받아서 작성하는 것이 좋다.

▶ 세무 상담이 필요한 사례5

김 원장은 절세를 하려면 비용처리가 중요하다는 사실을 알고 있다. 개원한 선배들이나 동료들은 비용처리를 하려면 증빙자료만 잘 챙기면 된다고 한다. 증빙자료에는 세금계산서, 현금영수증, 신용카드가 있다고 한다. 대금을 지급하고 이 중에서 아무거나 받으면 되는 걸까? 아니면 이 중에서 더 괜찮은 증빙자료가 있는 걸까?

절세를 할 때 가장 중요한 것이 비용처리다. 비용처리를 하려면 증빙과 업무적으로 관련 있는 지출이 필요하다. 병원 운영과 관련된 지출이기에 업무관련성에 대한 입증은 간단하다. 결국 증빙자료를 잘 챙기는 것이 관건이다. 이때 여러 가지 증빙 중에서 어떤 증빙자료를 챙겨야 하는지가 중요하다.

일단 사업자등록증이 있기 때문에 지출되는 금액이 일정 금액 이상이면 계좌이체를 하고 세금계산서를 받는 것이 좋다. 일정 금액 이하라면 신용카드, 현금영수증, 세금계산서 등 어떤 증빙을 받든지 상관없다.

장기적으로 보면 추후에 있을 자금출처 조사 대상의 검토에 사용되는 PCI분석에 조금이라도 유리하려면, 일정 금액 이상은 계좌이체를 하고 세금계산서를 받는 것이 좋다. 증빙자료도 순서가 있다. 개원을 한 후에 재테크 등을 염두한다면 증빙자료 챙기는 순서도 의미가 있다.

신고와 납부는
절세의 기본이다

병의원이나 치과를 운영한다면 부가가치세, 면세사업장현황신고, 종합소득세를 매년 신고해야 한다. 먼저 부가가치세 신고를 보자. 성형외과, 피부과 같은 일반과세자는 1월과 7월에 반기분에 해당하는 매출매입내역을 신고한다. 면세사업자는 부가세가 면세이므로, 부가세 신고를 하지 않는 대신에 1년에 한 번 면세사업장현황신고를 한다.

이번에는 종합소득세를 보자. 1년간의 소득을 그다음 해 5월(성실신고대상자라면 6월)에 신고한다. 그리고 직원을 고용했다면 인건비 신고도 해야 한다. 이 경우에는 원천세 신고납부를 매월 하거나 6개월 단위로 신고납부를 하는 때도 있다. 원천세 신고를 했다면 지급명세서도 반드시 제출해야 한다. 마취과 의사처럼 사업자등록증이 없는 프리랜서라면 1년에 한 번 종합소득세 신고를 해야 한다.

원천세 신고는 국세청 입장에서 국세채권의 조기 확보와 세수일실 방지 목적만 있는 게 아니다. 소득을 지급하는 자의 비용을 인정하고, 소득을 지급받는 자의 수입금액을 확인하는 작업이기도 하다. 물론 지급명세서 제출이라는 작업을 통해 소득의 귀속자를 구체화시킨다. 그래서 인건비를 지급한 원장에게 원천세 신고의무

| 세목에 따른 과세기간 및 신고기간 |

세목	과세기간	신고기간	비고
원천세 신고	매월 또는 반기별 (1.1~6.30/7.1~12.31)	매월 납부는 해당 월의 다음 달 10일까지, 반기별 납부는 7월 10일과 그다음 해 1월 10일까지.	신고불성실, 납부지연가산세 있음
지급명세서 제출	지급일이 속하는 달, 분기별, 반기별 또는 1년에 1회	지급일이 속하는 달의 다음 달 말일, 지급일이 속하는 연도의 다음 연도 2월 말일, 3월 10일	미제출 시 가산세 있음
부가가치세 신고	일반과세자는 1.1~6.30/7.1~12.31	일반과세자는 7월 25일/다음 해 1월 25일까지.	신고불성실, 납부지연가산세 있음
종합소득세 신고	1.1~12.31	그다음 해 5월 31일까지(성실신고대상자는 6월 말일까지).	신고불성실, 납부지연가산세 있음

와 의무 불이행에 대한 가산세 규정을 정해놓은 것이다.

병원을 운영하면서 인건비를 지급하는 경우가 발생한다면 인건비 신고와 납부, 지급명세서 제출이라는 2가지 작업이 필요하다는 점을 반드시 기억하자.

부가세 신고는 단순히 부가가치세 납부에만 의미가 있는 게 아니다. 사업자등록증이 있는 개인이 부가가치세를 신고한다는 것은 본인 사업의 매출액을 확정하는 효과도 지닌다. 물론 나중에 매출액의 변동이 생긴다면 그에 따른 부가세 수정신고를 해야 한다. 매출액의 변동은 수입금액의 변동을 의미한다. 그러므로 소득세뿐만 아니라 부가세에도 영향을 미친다는 것을 기억하자.

면세사업장현황신고도 마찬가지다. 부가세가 면세이기 때문에 부가세 신고는 없고, 대신에 면세사업장현황신고를 한다. 이 신고 또한 매출을 확정하는 효과가 있기 때문에 1년 수입을 정확히 신고해야 하고, 나중에 면세사업장현황신고에 대한 사후검증도 매출액 부분만 검증한다.

성형외과, 피부과, 일부 치과처럼 부가세 과세 업종을 영위하는 병원은 부가세와 소득세가 불가분의 관계라는 사실을 잊지 않아야 한다. 소득세는 1년간의 수입과 비용을 정산한다는 데 의미가 있다. 수입에서 비용을 뺀 소득금액은 여러 면에서 의미가 있다.

개원에 관심이 있거나 사업을 하는 사람이라면, 사업과 관련 있는 세금과 신고기간만큼은 알고 있어야 한다. 세금 신고기간을 놓치거나 제대로 신고를 하지 않으면 가산세가 부과된다.

가산세는 세목에 따라 약간의 차이는 있지만, 대체로 무신고는 산출세액의 20%, 과소신고는 10%를 부과한다. 세금을 납부하지 않았다면 1일에 22/100,000에 해당하는 명목상 이자분에 해당하는 가산세가 부과된다.

상속세, 증여세, 양도소득세 등 다른 세금도 마찬가지다. 신고를 제때 하지 않거나 납부하지 않으면 가산세를 피하기가 어렵다. 산출세액이 클수록 가산세는 눈덩이처럼 불어나므로 신고기간에 제때 신고하고 납부하는 것 자체가 절세의 기본이다. 진료 보는 일도 바쁜데, 모든 세금의 신고기간을 다 알기란 어렵다. 알고 있다고 해도 잊어버리기 일쑤다. 그러니 병원 업무를 관리해주는 세무사를 곁에 두는 것이 좋다.

세무사에게 세무기장을 맡겼다고 해서 모든 일이 다 끝난 것은 아니다. 세금 신고는 세무사가 알아서 해주지만, 납부는 원장님 본인의 몫이다. 그래서 신고한 후에 세금납부서를 보내주면 바쁘다는 이유로 납부를 미루는 원장님이 의외로 많다. 게다가 세금 신고를 했으니 납부는 천천히 해도 된다고 생각하는 사람도 많다. 신고기한 내에 신고해야 빨리 환급받을 수 있다. 신고기한을 넘겨서 신고하면 그만큼 환급액도 늦어진다. 행정 절차상 시간이 소요되므로 신고기간에 제때 신고한 사람보다 늦게 나오는 것이다.

병원을 운영할 때 불필요한 지출을 줄이는 일도 경제적으로 도움이 된다. 이렇게 세금을 줄이는 일도 습관이다. 기억하려고 노력해서 익혀두어야 습관이 된다.

세무사는 한 배를 탄 동료다. 선장은 병원을 이끄는 원장님 본인이고, 세무사는 배 안에서 절세라는 영역을 담당하는 선원들 중 한 명이라고 생각하자. 세무사는 세금 조언을 해주고, 고객의 어려움을 돕고 해결해주는 역할을 한다. 일을 하다 보면 조언을 따르지 않는 사람을 종종 만날 때가 있다. 절세 방법도 알려줬고 정해진 기일까지 자료를 요구했지만, 바쁘다는 이유로 차일피일 미루는 사람들도 있다. 그러다가 신고기한이 임박하거나 자료를 준비하지 못해서 불이익을 받으면 그제야 세무사에게 항변하기도 한다. "왜 적극적으로 자기를 다그치지 않았느냐"라면서 말이다.

세무사는 투정 부리는 아이를 쫓아다니면서 밥을 먹여야 하는 엄마가 아니다. 세금 납부도 마찬가지다. 언제까지 납부해야 한다고 말하고 문자메시지까지 보내줘도 납부기한을 지키지 않아 가산세를 부담하는 경우가 있다. 본인의 재산은 본인이 지키는 것이고, 세무사는 이를 도와주는 도우미다. 이 사실을 잊지 말자.

종합소득세 신고는 세무사에게 맡겨라

종합소득세 신고는 무척 중요하다. 그 이유는 무엇일까? 첫째, 종합소득세 신고를 통해 지난 1년간의 총수입과 총비용을 결산하기 때문이다. 결산을 해서 당해 사업연도의 순이익 또는 결손을 파악한다. 이익이 발생했다면 세무조정을 통해서 세금을 산출하고, 결손이 발생했다면 다른 소득에 반영해서 소득세를 계산한다. 아니면 이월결손금 규정에 따라 다음 해 소득세 신고 때로 이월시킨다.

기장대행을 의뢰해서 담당 세무사가 세무 관리를 해주고 있다면 걱정할 문제는 아니다. 다만 소득세 절세가 중요하다는 사실은 알아야 한다. 소득세가 발생하면 지방소득세가 발생하고, 나중에는 건강보험료가 정산되어서 지출 부담이 커진다.

세금계산서나 현금영수증, 신용카드 등 명확한 적격증빙이 아니라면 세무사라고 하더라도 절세할 수 있는 부분이 생각보다 많지 않다. 그래서 증빙자료를 꼼꼼하게 챙기는 습관이 중요하다.

증빙자료를 잘 챙기기만 해도 종합소득세 절세가 가능하다. 소득세 절세로 얻는 유무형의 경제적 이득이 생각보다 크다. 따라서 가능하면 전문 분야의 세무사에게 의뢰하기를 추천한다.

1년간의 수입금액은 적고, 비용이 많은 경우를 생각해보자. 이때는 수입에서 비용을 뺐을 때 순이익이 마이너스가 된다. 순이익에서 마이너스가 발생하는 것을 세법 용어로 '결손'이라 한다. 세법에서는 당해연도에 발생한 결손금에 대해서 10년간 이월시켜서 다음 해 소득금액에서 결손금만큼 차감해준다. 이를 '이월결손금'이라고 한다.

이월결손금은 내년 소득금액을 깎아주는 할인 포인트 같은 역할을 한다. 그래서 첫해의 수입금액이 적으면 적을수록 적극적인 비용처리로 결손을 만들어, 다음 연도 종합소득세 신고에서 절세를 노려보는 것도 좋은 방법이다.

개원 초기, 특히 하반기에 개원하면 결손이 나오는 경우가 많다. 따라서 이월결손금 규정을 통해 다음 연도 절세까지 생각해보자.

그리고 병의원, 치과를 전문으로 상대하는 세무사에게 기장을 맡기는 것이 좋다. 빠르고 정확하며 효율적인 서비스를 받을 수 있다. 유무형의 경제적 이득이 더 크므로 전문 세무사에게 맡기자.

신고를 제대로 안 하면 기한 후 신고안내장까지 받을 수 있다. 의사마다 의술에 차이가 있듯이 세무사도 마찬가지다. 그러니 종합소득세를 신고한다면 종합소득세를 전문으로 다루는 세무사를 찾아 의뢰하는 것이 효과적이다.

둘째, 지방소득세는 종합소득세의 10%이기 때문이다. 지방소득세와 종합소득세의 관계는 실과 바늘 같은 관계다. 큰 바늘에는 큰 실이 필요하고, 작은 바늘에는 작은 실이 필요하다고 보면 된다. 즉 종합소득세가 지방소득세에 영향을 미친다. 그래서 지방소득세의 결정은 종합소득세액에 달려 있다.

셋째, 국민연금과 건강보험료 결정에 영향을 미치기 때문이다. 직장가입자든 지역가입자든, 종합소득세 신고 때의 소득금액이 중요하다. 여기에서 말하는 소득금액은 수입금액에서 각종 경비나 비용을 공제한 순이익을 말한다. 지역가입자는 소득금액을 점수화해서 보험료 산정에 반영하고, 직장가입자는 건강보험료 정산 과정을 통해 보험료를 조정한다. 프리랜서는 다른 사람의 피부양자로 들어가 있더라도 일정한 소득금액을 넘으면 국민연금 가입의무가 발생하고 건강보험 피부양자 요건을 박탈당하기도 한다. 일련의 상황이 발생하는 것이 무조건 나쁘다는 것은 아니다. 생각지도 못한 변화에 놀랄 수 있으니 대비하라는 의미다.

넷째, 대출을 받았다면 금융기관에서 요구하는 증빙자료로 활용할 수 있다. 보통 대출을 받을 때 금융기관에서 요구하는 자료가 담보다. 그런데 마땅한 담보가 없다면 본인 소득을 증명할 만한 자료를 요구한다. 사업자등록증이 있다면 소득금액증명원, 납세증명원, 부가가치세 과세표준증명원, 부가가치세 면세사업자 수입금액증명이 증명자료가 되고, 사업자등록증이 없다면 소득금액증명원이 증명자료가 된다.

소득금액증명원이란 종합소득세 신고를 한 소득금액을 보여주는 자료이고, 납세증명원은 체납된 세금이 있는지를 파악하는 자료다. 부가가치세 과세표준증명원은 신고된 매출액을 표시해주는 증명서다.

다섯째, 자금출처조사의 소명자료로 활용될 수 있기 때문이다. 나중에 부동산이나 주식 등 재산적 가치가 있는 무언가를 취득했다가 세무서로부터 자금출처조사를 받는 경우가 있다. 세무서에서 자금출처조사를 하기 전에, 전산자료를 통해서 세금 신고된 내역을 조회한다. 그때는 종합소득세뿐만 아니라 증여세 등 각종 신고된 세금 내역으로 자금출처가 입증되면 세무서 내부에서 조용히 끝내는 경우가 있다. 그렇지 않다면 자금출처를 소명하라고 할 수도 있다. 요즘은 계좌내역의 실질적인 현금 흐름을 중심으로 파악하지만, 종합소득세 신고내역이 자금출처의 소명자료로도 인정된다.

법인은 법인의 소득세인 법인세를 내고, 개인은 개인의 소득세인 종합소득세를 낸다. 종합소득세가 무척 중요하므로 신경 써서 준비하자고 해도 듣지 않다가 소득세가 많이 나오거나 국민연금관리공단이나 건강보험공단에서 안내장이 나오는 경우, 대출을 받아야 할 때가 되면 꼭 전화가 온다.

　종합소득세 신고를 안 해서 기한 후 신고안내장을 받고 세금신고를 고민하는 것도 사실 다행인 일이다. 어떤 사람은 2~3년이나 지나서 과세예고통지를 받고, 그제야 어떻게 해야 되는지를 문의한다. 이때는 납세자 본인도 가산세라는 페널티를 얻기 때문에 경제적으로 손실이 크다. 게다가 3년이 안 지났기 때문에 건강보험료 정산도 해야 하고 이래저래 신경 쓸 일이 많다.

　폐업을 할 때도 세금신고를 해야 한다. 병원을 운영하다가 경기가 안 좋아서 폐업을 하거나 사정이 생겨서 다른 사람에게 병원을 넘기는 경우가 있다. 폐업을 심사숙고해서 결정하는 경우도 있고, 갑작스럽게 폐업을 해야 하는 때도 있다. 대개 폐업을 결정하면 병원 관련 업무는 끝났다고 여기는 사람들이 많다. 그런데 폐업을 하더라도 해야 할 일이 많다. 병원 운영을 어떻게 마무리할지, 폐업하고 난 뒤에 세금신고를 어떻게 처리할지 등 신경 쓸 일이 많다. 즉 단순 폐업으로 처리할지, 사업양수도(양수·양도)로 처리할지에 따라 세무 업무가 달라지고 주의사항도 달라진다.

　단순 폐업일 때의 세무처리와 사업양수도일 때의 세무처리를

| 세무처리 비교 |

단순 폐업일 때 세무처리	사업양수도일 때 세무처리
세무서에 폐업신고서 제출 원천세 신고(인건비가 있는 경우) 지급명세서 제출 폐업 시 잔존재화 확인 부가가치세 확정 신고 종합소득세 신고(다음 해) 관련 기관에 신고	세무서에 폐업신고서 제출 원천세 신고(인건비가 있는 경우) 지급명세서 제출 폐업 시 잔존재화 확인 부가가치세 확정 신고 종합소득세 신고(다음 해) 관련 기관에 신고 **사업양도신고서 제출**

살펴보면, 사업양도신고서 제출 외에는 별다른 차이가 없는 듯하다. 그런데 사업양수도를 진행하기 전에 검토할 사항들이 많으므로 반드시 전문가와 진행해야 한다.

그리고 단순 폐업의 경우에는 직원이 있다면 원천세 신고와 지급명세서 제출을 해야 하고, 잔존재화의 파악과 기존에 고정자산의 취득으로 말미암은 매입세액 공제를 받은 적이 있는지를 검토해야 한다. 단순 폐업은 사업자 본인이 처리할 수 있지만 가능하면 세무대리인의 도움을 받는 걸 추천한다. 그리고 폐업을 생각한다면 가능하면 폐업 한 달 전에 세무사와 상담을 하고 조언을 듣는 것이 좋다. 세법 검토는 시간적 여유를 가지고 하는 게 세무사에게나 원장님에게나 좋기 때문이다.

사업양수도의 경우에 성형외과, 피부과는 부가가치세와 권리금이 가장 중요한 쟁점이다. 사업양수도를 통해 부가가치세 면제 혜택을 보려면 여러 가지 요건을 갖춰야 한다. 사업장별로 승계해야 하고, 모든 권리와 의무를 포괄 승계해야 한다. 업종의 동일성 유무와 경영주체의 변경 등도 검토해야 할 사항이다. 사업양수도는 계약서상으로는 쉽게 처리할 수 있을지 모른다. 다만 세금 문제가 끼어들기에, 위험을 피하려면 전문가의 도움을 받아야 한다.

세무 전문가의 도움을 받을 때는 사업양수도로 사업을 넘기려고 결정하기까지 최소 한 달 전, 늦어도 사업양수도 계약서를 작성하기 전까지는 상담해야 한다. 본인이 사업양수도로 사업을 넘기려 하고 양도가액은 얼마나 되는지, 양도하려는 재산은 무엇인지, 양도 대금을 어떤 식으로 받을 것인지, 계약서 특이사항에 어떤 문구를 적어야 하는지, 공인중개사에게 지급한 중개수수료는 어떻게 처리되는지 등 단순 폐업과는 비교할 수 없을 만큼 검토 사항이 많다.

부가가치세를 신고할 때 과거에 어떤 고정자산을 취득했는지, 매입세액 공제를 받았는지에 따라 취득 후 지난 과세기간에 비례해서 다시 반납해야 하는 세금도 있다. 그러니 주의해야 한다. 일반과세자가 아닌 면세사업자로 병원을 운영했다면 권리금 부분만 주의하면 된다.

폐업할 때 세금을 제대로 신고하지 않으면 다음과 같은 불이익이 생긴다.

- 부가세의 경우 매출자료는 그대로 과세하는 반면, 매입자료는 세금계

산서 합계표를 제출하지 않았기에 매입세액을 공제해주지 않는다. 만약 매출자료는 없고 매입자료만 있다면, 매입자료로 드러난 금액을 전부 판매한 것으로 간주하여 과세한다. 이를 세법에서 '간주공급'이라고 표현한다. 신고하지 않으면 신고한 경우와 비교해서 부가가치세 부담세액이 크게 증가한다. 이는 일반과세자인 일부 병의원의 경우다.

- 종합소득세의 경우에는 추계과세를 한다. 순손실이 발생했더라도 그 사실을 인정받지 못하며 세액공제나 감면도 받지 못한다. 이 때문에 신고한 경우에 비해 세 부담이 늘어날 수밖에 없다.

- 고액의 세금을 체납하면 본인 명의로 사업자등록을 신청하거나 재산을 취득하기가 어려워진다. 사업자등록증 발급이 안 될 확률이 높고, 재산을 취득하더라도 체납자 소유 재산인 사실이 확인되면 압류되어 공매처분까지 될 수 있기 때문이다.

- 각종 행정 규제를 받는다. 체납세액이 5천만 원 이상인 자에 대해 출국금지를 요청한다. 체납세액 500만 원 이상인 자에게는 신용정보기관에 명단을 통보하므로 금융거래에 제한을 받는다.

- 관련 기관에도 신고해야 불이익을 받지 않는다. 면허나 허가증이 있는 사업이라면, 당초 면허를 받은 기관에 폐업 신고를 해야 면허세가 부과되지 않는다. 사업자등록 폐업 시에는 폐업증명을 받아서 국민연금관리공단 및 국민건강보험공단에 제출해야 한다. 그래야 보험료가 조정되어 불이익을 받지 않는다.

병원 문만 닫으면 모든 게 다 끝났다고 생각하는 사람들이 많다. 그러다가 고지서를 받고 나서야 세무사를 찾는다. 폐업을 그저 '병원 문 닫는 것'으로만 간주하면 불이익을 받을 수 있다. 폐업 때문에 심적으로 힘들더라도 세금이라는 더 큰 상처를 피하려면 세무 전문가를 만나서 폐업 이야기를 미리 나누자. 그래야 세금으로 뒤통수 맞을 일은 없을 것이다.

세무사 300% 활용하기! 원장이라면 준비해야 할 것들

세무사를 잘 활용하려면 상호 간에 신뢰가 형성되어야 한다. 세무사는 변호사처럼 싸움을 대신해주는 용병이나 전사가 아니다. 병원을 운영하는 데 세무 문제가 발생하지 않는 결과를 만들고자 도와주는 사람이다.

보통 국세청을 상대로 싸운다고 보는 사람도 있다. 그런데 정확히 말하면 국세청을 상대로 싸우는 것이 아니라, 국세청을 상대로 '방어'하는 입장이다. 국세청은 원장을 상대로 세금을 부과할 수 있지만, 원장이 국세청에 세금을 부과할 수는 없으니 말이다. 국세청을 상대로 이겼다는 말보다는 절세했다는 표현이 맞다. 세무 업무는 신뢰를 바탕으로 삼아 일하는 것인 만큼, 서로 신뢰를 잃지 않는 것이 중요하다. 원장과 세무사가 신뢰를 잃는 순간, 멀어질 수밖에 없다.

▐ 세무사의 조언을 잘 따르자

식후 30분에 약 먹기, 일주일에 2회 이상 운동하기. 우리는 몸이 아프면 의사의 조언을 잘 따른다. 의사의 조언을 따르듯이 세무사의 조언도 잘 따르면 좋다. 간혹 세무사의 조언을 따르지 않는 사람들 중에 자수성가한 사람들이 있다. 그들의 노력과 의지로 사업을 성공시켰다는 점은 높이 산다. 그러나 세무 업무까지 잘 아는 것은 아닐 텐데, 세무사의 조언을 무시하고 자신의 경험에 근거해서 절세하려는 태도는 좋지 않다. 이는 시간과 에너지 낭비다.

간혹 자기 고집대로 하려거나 세무사의 조언에 어깃장을 놓는 사람들을 만나면, '세금 문제로 마음고생한 적이 없는 분이구나' 하는 생각이 든다. 세금으로 마음고생을 한 번이라도 하면 말 그대로 '세금 앞에서 겸손'해지는데, 그렇지 않으니 말이다. 세금을 부과하는 세무서 직원과 절세를 하려는 세무사들이 공통적으로 하는 말이 있다. "세금, 정말 무섭다"라고 말이다.

▐ 이메일과 팩스를 보내고 받는 법을 익히자

우리는 '스마트한 시대'에서 살고 있다. 스마트폰으로 업무도 척척 해낸다. 세무사 사무실의 위치가 중요해지지도 않았다. 앞으로도 더욱 그럴 것이다. 연세가 있어도 병원을 잘 운영하는 원장님을 볼 때면, 시대의 흐름에 뒤처지지 않는 모습에 감탄하기도 한다.

연세가 있는 원장님 중에서도 팩스를 보내거나 받는 일, 이메일을 보내거나 받는 일을 능숙하게 하는 사람들이 많다. 이를 잘 활용해야 세무사와의 업무도 원활하게 이뤄지니 이메일과 팩스 다루는 법을 잘 알아두자. 이를 알아두면 스마트폰으로 바로 확인할 수 있어서 업무 처리속도가 향상된다.

▶ 모든 세금 신고에는 마감이 있다

세금 신고에는 시간에 제약이 있다. 즉 마감이 있다는 뜻이다. 신고기한을 넘기면 가산세 등 불이익이 따른다. 그러니 마감을 놓치지 않는 태도가 절세의 기본이다. 우리가 학교나 직장에서 지각하지 않고 시간을 준수하는 것이 기본이라 여기듯, 신고 및 납부기간을 잘 지키는 것도 기본 중에 기본이다. 신고기한을 놓치면 가산세라는 매부터 맞고 시작한다고 보자. 그러므로 세무사가 자료를 요청하면 최대한 빨리 준비해줘야 한다. 마감이 가까워지는데도 연락이 잘 안 되거나 자료도 안 주면 세무사는 어떤 심정일까? 발등에 불이 떨어진 것처럼 속이 타들어간다.

▶ 기록을 해두어야 한다

개원을 하면 계좌이체를 할 일이 많아진다. 그런데 분명 병원과 관련된 일인데도 몇 년이 지나면 기억이 잘 안 난다. 그러니 메모하는 습관이 중요하다. 시간이 지난 뒤에 세무서에서 관련 자료 요청을 받거나 세무조사를 받으면 계좌나 장부에 기록해둔 내용이 큰 힘이 되기 때문이다. 계좌이체는 가능하면 인터넷뱅킹으로 하고, 메모 기능을 이용해서 이체 내용을 기록하자. 그러면 시간이 지나도 기록이 남아서 유용하다.

▶ 증빙자료를 잘 챙겨야 한다

'증빙을 잘 챙긴다'라는 말은 무슨 뜻일까? 예전에는 영수증을 일일이 챙기거나 세금계산서를 발급받는 등의 과정이 생각보다 복잡했다. 그런데 요즘 같은 스마트 시대에는 몇 가지만 기억해도 쉽고 간단하게 증빙 서류를 챙길 수 있다.

- 신용카드는 본인 명의의 신용카드를 사용한다.
- 홈택스에 본인 명의의 신용카드와 체크카드를 등록해둔다.
- 대금은 가능하면 계좌이체로 지급한다.
- 현금을 지불했을 때는 현금영수증을 발급받는다.
- 사업자등록증이 있다면 (전자)세금계산서를 발급받는다.

정리해보면 비용을 지출할 때 본인 명의의 신용카드와 체크카드를 사용하고, 현금영수증과 세금계산서를 잘 챙겨놓자. 이는 세무 업무의 가장 기본이다. 이 정도만 해도 세무사 사무실에서 '대단한 절세 원장님'이라고 칭찬받을 것이다.

신용카드나 체크카드를 사용했다면 종이 영수증을 잃어버려도 걱정할 일이 없다. 현금영수증은 홈택스에서 조회가 가능하다. 세금계산서도 전자세금계산서를 발급받았다면 홈택스에서 조회가 된다. 그만큼 챙겨야 할 증빙자료가 종이로 된 세금계산서 외에는 거의 없다고 보면 된다.

앞서 제시한 내용만 잘 기억해도 세무사를 300% 활용하는 셈이다. 더 나아가 그 이상의 절세도 가능하다는 사실을 경험할 것이다.

3장

재산 증식을 원하는
원장님을 위한
세무사 사용 설명서

절세는
미리 준비한 자의 것이다

일찍 일어나는 새가 벌레를 잡는 법이다. 절세도 미리 준비하는 자의 것이다. 그렇다면 무엇을 준비해야 할까? 먼저 신고해야 할 세금이 무엇인지를 알아야 한다. 즉 세금에 대한 기본 공부를 해야 한다는 의미다.

절세를 하려면 부지런히 배워야 한다. 세무사 시험을 준비하듯이 세법 공부를 하라는 뜻은 아니다. 자기 사업과 관련해서, 본인의 재산과 관련해서 세금 관련 지식은 있어야 한다는 말이다.

병의원을 운영하는 사람이라면 원천세, 부가세, 종합소득세, 지방소득세 신고 의무가 있다는 사실과 신고기간 관련 지식이 있어야 한다. 이 정도만 알아둬도 진료에만 집중할 수 있다. 나머지는 세무대리인을 통해 절세 조언을 얻고 실행으로 옮기면 된다. 프리랜서인 마취과 의사라면 종합소득세 신고기간과 소득세 신고의 중요성만 알고 있어도 충분하다. 나머지는 전문가의 도움을 받으면 된다. 양도소득세, 상속세, 증여세도 마찬가지다. 기초 개념과 신고기한을 알아두면 절세 준비가 끝난 셈이다.

세무 전문가에게 세무 업무를 맡겼다고 원천세가 무엇인지, 신고기간과 납부기한은 언제인지, 부가세와 소득세 신고기간이 어떻게 되는지도 모르는 사람들이 꽤 있다. 개원 초창기나 처음에는 모를 수 있다. 그런데 병원 경영을 몇 년이나 한 사람이 기초 세무를 모른다는 것은 운전자가 가솔린과 디젤을 구분하지 못하는 것과 같다.

물론 세무사 사무실에서 세무 자료를 준비하라는 연락은 준다. 그럼에도 본인이 납부해야 할 세금 종류, 납부기한 정도는 알고 있어야 한다. 절세의 기본은 '유비무환의 정신'이라는 것을 잊지 말자.

필자는 세무사라는 직업 특성상 다양한 사람을 만났다. 사회적 약자를 돕는 비영리단체, 의욕이 없는 사람, 귀가 얇은 사람, 사사건건 간섭하는 사람, 자기주장이 너무 강해서 소통이 안 되는 사람, 의심이 많은 사람 등 여러 유형의 고객을 상대했다. 이 중에서 가장 어려운 고객은 자기주장이 강해서 어떤 말도 들으려 하지 않는 사람들이다.

세법에는 납세자 입장에서는 불합리해 보이는 규정도 있고, 이해가 안 되는 부분도 있다. 현실성이 떨어지는 부분도 물론 있다. 이런 이유로 조언을 하거나 대비책을 마련하는 세무사와 논쟁을 하는 사람들도 있다. 그들의 생각이 아예 이해가 안 되는 것은 아니다. 다만 세무사는 법을 만드는 사람도 아니고, 법을 바꿀 수 있는 권한이 있는 것도 아니다. 그러니 세무사를 붙잡고 논쟁을 할 필요는 없다. 아무리 불합리하다고 느껴지는 세법이라 할지라도, 이를 제정한 사람들의 입장을 들어보면 나름의 합당한 이유도 있다.

세무 업무를 진행할 때 가장 좋은 고객은 세무사가 요청하는 자료를 최대한 빨리 제공하고, 업무를 협조적으로 해주는 사람이다. 신고기한을 코앞에 두고는 찾아와서 세금 신고를 의뢰한다거나 원장의 세무조사 대행을 진행하고 있을 때 자료를 빨리 안 주면 세무사 입장에서도 난감하다. 결국 고객 본인의 손해라는 사실을 잊지 말아야 한다.

적극적이고 빠른 협조는 세무사에게 시간을 벌어다준다. 충분한 세무 검토 시간을 통해 절세의 가능성을 높이는 셈이다. '빨리 알아보고, 빨리 맡기고, 빨리 협조하는', 이른바 '빨리빨리 전략'이 절세의 포인트라는 점을 기억하자.

이혼하기 전에
세무사를 만나라

해마다 이혼이 증가하는 추세다. 이혼과 함께 따라다니는 것이 있다. 바로 양육권과 재산분할 문제다. 양육권에서는 세금 문제가 생기지 않지만, 재산을 나누는 문제에서는 세금 문제가 따라다닌다. 그러니 협의이혼을 하든, 법정이혼을 하든 이혼을 하기에 앞서 반드시 세무사를 만나라. 재산분할로 인한 세금 문제를 논의해야 한다.

위자료 명목으로 넘겨주는 부동산에 대해 소유권 이전등기를 어떻게 하느냐에 따라 세금이 달라진다. 등기 원인을 '이혼위자료의 지급' 또는 '재산분할청구에 의한 소유권이전'이나 '증여'로 할 수 있다. 대개는 재산분할청구에 의한 소유권이전 방식으로 선택하는 것이 일반적이다. 그런데 재산분할을 하고 난 뒤에 타인에게 양도한다면 어떻게 될까? 재산분할을 할 때만 절세하고, 이후에는 절세를 안 해도 되는 것일까?

이 문제는 어떻게 해야 하는지 콕 집어서 말할 수는 없다. 자산의 크기와 종류, 자산을 언제쯤 어떤 방식으로 처분할 것인지를 결정한 후에 절세 방식을 모색해야 한다. 이혼 당사자가 차후에 자산을 어떻게 운영할 것인지에 따라 세금 문제가 달라지기 때문이다. 따라서 절세 계획은 장기적이고 거시적인 관점에서 검토해야 한다.

이혼을 진행하면서 재산분할하는 과정을 살펴보자. 배우자의 증여재산공제가 6억 원(배우자 증여재산에서 기본으로 공제되는 금액)에 해당되더라도 재산의 규모에 따라서 증여세 문제가 생길 수 있다. 이렇게 증여세 문제가 생기면 나중에 분할된 재산을 팔 때 그 재산의 취득시기와 취득가액에 문제가 생길 수 있다. 사전에 전문가와 상의해서 훗날 발생할지도 모를 세금 문제를 논의한다면, 증여세뿐만 아니라 다른 세금 문제까지 피할 수 있다.

세금은 마치 지뢰 같다. 평탄한 길을 걸어가다가 생각지 못하게 밟는 지뢰 말이다. 작은 폭죽 수준이라면 정신을 차리고 조심하면 된다. 그렇지만 다시 일어나기 어려울 정도의 지뢰가 문제다. 그러니 미리 대비해야 한다.

어떤 세금 혜택을 받을 수 있는지 알아두자

각 세법에는 그에 맞는 혜택도 숨어 있다. 세금 혜택은 찾는 자의 것, 준비하는 자의 것이다. 그렇다고 세금 혜택이 마냥 좋을까? 아니다. 세상에 공짜는 없다.

공제나 감면을 받으려면 까다로운 조건에 부합해야 한다. 예를 들어 부동산을 취득할 때 취득세나 증여세를 감면받았다면 몇 년 간은 관리 대상이 된다. 어떤 업종의 일을 하는지에 따라서 받을 수 있는 혜택도 다르다. 그러므로 본인이 받을 수 있는 세법 혜택이 무엇인지 미리 알아놓자.

본격적으로 개원을 하기에 앞서 개원할 지역, 직원 채용 계획 등을 결정한 뒤에 세금 상담을 받아보자. 통합투자세액공제, 고용증대세액공제, 사회보험료세액공제(통합고용세액공제) 등 병원 운영에 따른 세금 혜택을 미리 알아두면 도움이 된다.

부동산 투자를 할 때도 주택의 경우 1세대 1주택 비과세 규정, 농지의 경우 8년 자경 감면 규정, 대토 감면 규정 등 다양한 혜택들이 있다.

부동산 임대업의 경우에는 감가상각을 통해 종합소득세를 줄일 수 있다. 다만 나중에 건물을 양도할 때 감가상각이 적용된 만큼 양도소득세가 증가할 수 있다는 사실을 기억해두자. 눈앞의 이익만을 따르기보다는 장기의 절세 계획을 짜야 한다. 세무사와 상담을 할 때도 자신의 생각과 계획을 잘 전달해야 한다.

피부과, 성형외과 등 일반과세 업종이라면 종합소득세, 부가세 등 세금 신고를 빨리했다고 환급이 빨리 나오는 것은 아니다. 신고기한의 다음 날부터 30일 내에 나온다. 그러니 환급금이 빨리 안 나온다고 재촉하지 말자. 부가세 신고 시에는 일정 요건을 충족하는 경우 조기환급이 있기는 하지만, 이것도 신고기한으로부터 15일 이내에 환급되는 것이므로 신고기간에 환급되는 경우는 없다.

종합소득세 신고 후에 환급금이 예상보다 적은 경우가 있다. 세금 신고가 잘못된 게 아니냐고 항의할 수 있다. 이때는 세무서 담당 직원에게 전화하거나 세무사를 통해 경위를 파악하면 빠르고 쉽다. 예를 들어 과거에 체납된 자동차세 등이 있어서 환급액이 체납액으로 충당된 경우, 지방자치단체에서 지방세 체납으로 압류가 들어온 경우에도 환급액이 줄어들거나 안 나오는 경우가 있다. 따라서 예상한 만큼 환급이 안 되었다면 그 이유를 바로 물어보자.

종합소득세, 법인세에는 지방세 10%가 붙는다. 납부할 세금에 지방소득세 10%가 발생하므로 환급받을 때도 10% 지방세가 환급된다.

일반적인 거래 관행들을 별생각 없이 따라했다가 불이익을 받는 경우도 있다. 잘못된 관행은 다음과 같다.

- 부동산 계약 시 거래금액을 높인 업계약서를 작성한 경우
- 부동산 계약 시 거래금액을 낮춘 다운계약서를 작성한 경우
- 토지와 건물의 공급가액을 인위적으로 분배해서 정한 경우
- 가족, 친인척 등 특수관계인과 거래할 때 거래금액을 저가 또는 고가로 양도·양수하는 경우

- 가족, 친인척 등 특수관계인이 아닌 사람들과 거래할 때 기준시가 이하로 거래하는 경우

절세에서 가장 중요한 것은 증빙이다

세법은 근거과세 원칙에 따라 세금을 부과한다. 세금을 줄이는 것도 동일하다. 명확한 근거나 증빙만 있다면 해결된다. 문제는 근거가 없어서다. 그래서 유비무환의 태도가 필요하다. 가능하면 계좌이체 내역 등 사실관계를 명확히 할 수 있는 자료를 준비하라.

근거를 챙기지 않으면서 세무서 담당 직원에게 사정을 말하면 될 거라고 생각하는 사람들이 있다. 물론 담당 직원도 딱한 마음이 들어서 납세자를 돕고 싶을 테지만, 세무 행정은 온정주의로 해결할 수 있는 문제가 아니다. '조세법률주의'라는 엄격한 법률 규정이 있어서다. 그 사정에 들어맞는 근거 자료가 있어야 한다. 그러다 보니 억울한 일도 생길 수 있다. 대처 방법은 전문가에게 현실적인 조언을 듣는 것이다.

증빙에 대한 책임은 납세자에게 있다. 증빙 챙기는 일을 소홀히 하면 절세와 멀어질 뿐이다. 개원하기 전에 세무사에게 증빙자료 조언과 절세 컨설팅을 받아야 하는 이유가 여기에 있다. 보통은

병원 개업을 하기 전부터 인테리어나 권리금 등 돈이 필요하다. 그러한 모든 지출이 자산 또는 비용으로 인정받게 하려면 적격증빙이 준비되어야 한다.

세금 문제에서는 사실관계를 판단해야 하는 경우가 많다. 이는 곧 확률의 문제다. 증빙을 위해서는 확실한 게 좋지만, 갖추기 힘들다면 사실관계를 인정받을 수 있는 자료를 수집하자. 이것이 확률을 높이는 방법이다.

부동산을 매도하려면 언제 세무 상담을 받을까?

부동산을 보유하고 있다면 양도소득세 상담을 받아보자. 부동산을 취득할 때는 부동산 취득과 보유로 발생하는 세금을 고려해 취득 여부를 판단하면 된다. 부동산을 매도하기 전에 세금을 검토하면 다행이지만, 대부분은 팔고 난 뒤에 세금을 고민한다. 사실 이때는 절세와 상관이 없다. 부동산을 매도했다면 세금을 계산해서 납부할 일만 남기 때문이다.

부동산 관련 세금은 언제 상담받는 것이 좋을까? 부동산을 취득했을 때 곧바로 계산해보면 된다. 현재 취득한 부동산을 2년 뒤에 팔았을 경우, 5년 뒤 또는 10년 뒤에 팔았을 경우 얼마의 세금이 발생하는지 가늠해보자. 그리고 보유 기간에 따른 세금의 종류와 금액도 계산해보자. 이를 통해 부동산을 보유하는 동안에 어떻게 관리해야 하는지를 알 수 있고, 다른 부동산 취득 계획, 투자처 결정 등도 할 수 있다.

부동산을 매도할 때는 양도소득세를 계산해봐야 한다. 이에 대한 상담을 하기에 앞서 다음의 자료를 준비하는 것이 좋다.

- 양도하려는 부동산의 매매가액 또는 예상 매매가액
- 부동산의 취득가액 및 취득 당시 매매계약서
- 부동산의 취득 방식(상속, 증여, 매매, 교환 등 어떤 방법으로 취득했는지)
- 양도 당시에 보유한 부동산 현황
- 주택의 경우 주민등록등본상에 있는 가족관계 및 가족들의 주택 보유 현황
- 토지의 경우 보유 기간에 토지의 이용현황

주택을 여러 채 보유하고 있다면 어떤 부동산을 먼저 양도하느냐에 따라 비과세 적용이 달라진다. 그러니 부동산 관련 세금 상담은 빠르면 빠를수록 좋다. 특히 부동산 관련 세법은 자주 바뀌므로, 주기적으로 상담받는 것을 추천한다.

상담은 말 그대로 '세무사의 시간을 사는 것'이다. 따라서 그만한 대가를 지불해야 한다. 최근에는 무료로 상담을 해주는 경우가

많아졌지만, 제대로 된 상담을 받고 싶다면 유료 상담이 좋다. 무료 상담은 대략적인 부분만 언급할 수밖에 없어서 정확하지 않다. 제대로 된 상담을 원한다면 상담료를 지급하고 문제를 검토할 수 있는 시간을 충분히 줘야 한다.

의사가 말하는 건강 유지 방법은 식후에 정해진 약 먹기, 과식하지 않기, 술이나 담배 하지 않기, 일주일에 2회 이상 운동하기 등이다. 그러나 이것들은 조언일 뿐이다. 실천할 것인지, 아니면 내 마음대로 살 것인지는 자기 자신이 정한다. 절세도 마찬가지다. 세무사는 조언을 해주는 사람이고, 조언에 따른 실천은 납세자 본인이다.

부동산 세금을 미리 상담받는다는 생각은 좋다. 그런데 세무사를 만나서 어떤 말을 해야 할지, 어떤 질문을 할지 등 막연할 수 있다. 상담을 하기 전에 보유한 부동산을 어떤 방식으로 처분할 것인지를 먼저 결정하자. 즉 부동산을 양도할 것인지, 자녀나 친인척에게 증여할 것인지, 아니면 사망 때까지 보유하고 있다가 상속으로 넘겨줄 것인지를 생각해둬야 한다.

부동산 세금을 상담받을 때 질문할 만한 내용은 다음과 같다.

- 1세대 1주택 비과세 혜택을 받을 수 있는지 여부
- 양도소득세가 대략 어느 정도 발생하는지 확인
- 부가가치세 문제가 발생하는지 여부

- 부가가치세가 발생한다면 계산서나 세금계산서의 발급 방법

- 비사업용토지에 해당하는지 여부

- 각종 감면이 적용 가능한지 여부

- 증여세를 줄이는 방법

- 부동산을 담보로 대출을 이용해서 절세할 방법은 있는지 여부

- 상속세 계산 시 부동산 평가 방법

- 주택, 상가의 상속세 절세 방법

세법은
영원하지 않다

세법은 변덕쟁이다. 한번 만들어진 세법은 영원하지 않다. 세상은 끊임없이 변한다. 하루가 다르게 급속도로 변화하고 조세회피 행위도 날로 발전한다. 이에 맞춰 국가 정책이 바뀌고, 과세표준 양성화를 위한 국가적인 노력과 기법도 다양해지고 있다. 그래서 국가의 정책 목적과 재정 운영상 필요로 하는 세수를 기반으로 하는 세법 역시 매년 바뀐다. 이 때문에 알고 있던 내용이더라도 본인과 관련된 일이라면 전문가 상담을 통해 한번 검토해보는 게 바람직하다.

대법원 판례 때문에 없어진 규정이 있다. 과거에는 부부간의 금

융소득이 일정 요건이 되면 종합소득세를 합산과세하는 규정이 있었다. 그런데 지금은 없는 규정이다. 그런데도 예전대로 알고 있는 고객이 있었다. 세법이 바뀌어서 해당 규정은 사라졌고 금융소득 종합과세 기준금액도 4천만 원에서 2천만 원으로 떨어졌다. 원장님은 이 사실을 알고는 무척 놀랐었다. 세법이 이렇게 빠르게 바뀐다는 사실이 놀랍다고 했다.

법은 이해관계가 얽혀 있다. 따라서 법조문 한 글자를 바꾸는 데도 사회적 에너지가 소모된다. 세법은 다른 분야의 법률보다 상대적으로 자주 바뀐다. 그러니 세법이 변덕쟁이라는 사실을 기억하자.

간혹 대금을 결제할 때 현금으로 달라는 경우가 있다. 현금으로 결제하면 세금계산서나 현금영수증을 발급받지 않는 조건으로 부가세도 안 받고 거래대금까지 깎아주겠다고 한다. 이렇게 하면 비용 면에서 부담을 줄이는 것 같아 응하고 싶을 때가 있다. 이런 상황에서는 어떻게 할까? 정답은 담당 세무사에게 물어보면 된다. 현금을 지불한 사실은 본인도 알고 상대방도 안다. 그런데 제삼자인 세무서에서는 알 수 없다. 근거가 없으므로 비용으로 인정받기도 어렵다.

현금 결제가 달콤하게 느껴질지 모른다. 그러나 장기적으로 보면 적격증빙을 수취하지도 못했고 비용을 지불한 증거도 없으므로 비용인정을 못 받는다. 그 결과 소득금액이 커지고, 세금 부담이 늘어난다. 부동산 취득은 취득가로 인정을 못 받는 경우도 발생하고, 계약서에 명시된 금액과 실제 지불한 금액이 불일치해서 지방세 가산세와 과태료가 부과될 수도 있다. 결국 악순환의 연속이다.

국세를 부과하는 원칙 중에서 '근거과세의 원칙'이 있다. 이 원칙은 과세관청에서 국세를 부과할 때 근거에 기초해서 세금을 부과하고, 경정청구 등 세금을 깎는 요구를 할 때도 근거에 기초해서 과세를 부과해야 한다는 의미다.

법률에서 인정하는 적격증빙은 세금계산서, 계산서, 신용카드, 현금영수증 등이다. 다만 사업 혹은 프리랜서로 세금 업무를 직접 관리해야 한다면, 이러한 적격증빙을 언제 어떻게 챙겨야 할지 모르는 경우가 많다. 장기적으로 프로젝트를 진행하는 경우에 세금계산서를 언제 발행해야 하는지, 발행한 세금계산서 때문에 수입금액 귀속시기가 언제인지를 개인이 판단하기란 어렵다.

본인이 사용한 신용카드 거래명세서를 보면서 업무 관련성이 있다고 볼 수 있는지를 판단하거나 부가세 신고 때 매입세액공제를 받을 수 있는지 등을 판단하기가 어렵다. 우리 입장에서는 매입세액공제가 될 거라고 예상하지만, 세법에서는 불공제 조항으로 명시해놓기도 했다. 근거과세의 원칙 안에서 절세를 원한다면 세무사를 찾는 것이 가장 명확하다.

인터넷을 자유롭게 검색하는 시대인지라, 인터넷 상담 내용만 읽어보고 혼자서 하는 경우도 있다. 그런데 결과적으로 엉뚱하게 처리한 경우도 많다. 인터넷 검색으로 알게 된 내용일지라도 반드시 출력해서 세무사와 상담해야 한다. 그래서 자기가 이해한 내용이 맞는지를 검토해야 한다.

'법은 상식이다'라는 말이 있다. 물론 상식적인 법이 있다. 그런데 그중에서 세무사로서도 이해하기 힘든 불합리한 세법 규정이 있다. 그런데 '법은 상식이다'라는 명제를 모든 세법 규정에 적용해 자기 입맛대로 해석하는 사람이 있다. 그들을 직접 만나보면 그저 자기에게 유리한 방향으로 해석하는 경우가 대다수다.

또 본인의 무지를 비상식이라고 주장하는 사람도 있다. 예를 들어보자. 양도소득세는 부동산만 팔았다고 내는 세금이 아니다. 비상장주식을 팔았을 때도 양도소득세를 낼 수 있고, 부동산을 취득할 수 있는 권리인 아파트 분양권을 팔았을 때도 양도소득세를 낼 수 있다. 이를 모르고 있다가 시간이 꽤 흘러 신고안내장이나 과세예고통지서를 받고 나서야 필자를 찾아오는 사람도 꽤 있었다.

세법은 어렵고 복잡하다. 그러니 이해하기 쉽게 설명해야 하고, 일반인들이 행동에 옮기기 쉽게 가이드를 제시해야 한다. 친절하게 기초부터 알려주는 세무사가 좋다. 친절한 세무사를 찾는 것이 세무사 활용의 첫 단계다. 담당 세무사가 일반인인 자신을 고려해 쉬운 용어로 이해시키는지를 보고, 장기적이고도 다각적인 시각에서 절세 상담을 해주는지를 반드시 확인하자.

4장

뜻밖에 상황에서
도움이 되는
세무사 사용 설명서

세금 신고 및 납부도
연장이 가능하다

원장님들이 병원을 운영하다 보면 생각지도 못한 일들이 생긴다. 건물 위층이 댄스학원이라서 소음이 심하다거나 장마철에 비가 많이 내려서 병원이 물에 잠기기도 한다. 또 가족 중에 누군가가 불의의 사고를 당해서 진료를 뒤로한 채 병간호에만 매달려야 하는 경우도 있다. 혹은 국가기관으로부터 회계장부나 전산장비를 조사받기 위해 일시적으로 영치되거나 압수되는 경우도 있다.

예기치 못한 상황이더라도 세금 신고나 납부를 신경 쓰지 않으면, 가산세라는 불이익까지 받는다. 이럴 때는 납부기한 만료 3일 전까지 세무서에 납부기한연장승인신청서를 제출하면 된다. 만약 신청서를 제출하지 않으면 세금 문제가 생긴다. 대부분의 원장들은 그럴 때 당황한다. 사실 경황이 없어서 세금 처리를 어떻게 해야겠다는 생각도 안 든다. 세무서에 가서 납부기한연장승인신청서를 제출하면 된다는 사실을 알고 있던 사람조차도 그 상황에 맞닥뜨리면 잊고 만다.

평소에 세무기장 서비스를 받고 있던 원장이라면 어떨까? 세무사 사무실에 연락해서 현재의 상황을 이야기하고 납부기한연장 사유에 해당하는지를 검토해달라고 요청하면 된다. 만약 연장 사유에 해당된다면 납부기한연장승인신청서를 제출해달라고 요청할 것이다. 원장이 세무서에 가서 연장 사유에 해당하는지를 검토해달라고 해도 된다. 승인 요건에 해당되면 납부기한연장에 필요한 자료를 제출해야 한다. 그러므로 어떤 서류가 필요한지도 문의해야 한다.

행정기관에서 세법 혜택을 받으려면 신청 절차를 따라야 한다. 동시에 법률 요건에 들어맞는 증빙 서류나 확인서 등이 필요하다. 이때 서류는 국세청 홈페이지나 홈택스에서 확인하고, 관할 세무서, 국세청 고객센터, 세무사 사무실 중 한 곳을 선택해 상담을 받아보자. 그래야 헛걸음을 막을 수 있다.

세무서는 원장에게 신고기한과 납부기한을 무조건적으로 연장해주지 않는다. 국세기본법에서 정한 요건에 해당하는 경우에만 혜택을 준다. 다음 국세기본법 제6조에 명시되어 있는 기한의 연장 사유를 보자.

- 납부할 세금이 자진신고 납부분인 경우에는 납부기한연장승인신청서를 기한만료일 3일 전까지 제출하여야 한다. 신청·청구, 기타서류제출 등의 기한연장은 3개월 이내로 하되, 당해 기한연장의 사유가 소멸되지 아니하는 경우 1개월의 범위 안에서 관할 세무서장이 기한을 재연장할 수 있다.
- 세무조사를 받거나 세무서에서 발부한 납세고지분인 경우에는 '징수유예' 제도를 통해 납부기한 3일 전까지 관할 세무서에 징수유예신청서를 제출함으로써 납부를 연기할 수 있다.

국세징수법 시행령에 나열된 징수유예 사유는 다음과 같다.

- 징수유예 기간은 유예한 날의 다음 날부터 9개월 이내로 한다. 다만 상호합의가 진행 중인 때에는 상호합의 절차가 종료한 때까지로 한다.

이때 주의할 점이 있다. 원장님 본인이 납부기한연장승인 신청이나 징수유예 신청요건에 해당된다고 판단해서 신청서를 제출한다고 반드시 승인되는 것은 아니라는 점이다. 신청서를 제출하면 관할 세무서 담당자는 규정을 바탕으로 검토 과정을 거친다. 그래서 납부기한의 연장과 징수유예가 거부되거나 본인이 원하는 기간보다 연장기간이 줄어서 승인이 나기도 한다. 만약 요건에 부합하지 않으면 납부기한연장이 취소되거나 징수유예가 취소될 수도 있다는 사실을 기억하자.

본인의 생각으로는 신청 요건에 해당하지 않는다고 판단했는데, 세무사와 상담하면서 연기 신청 가능성을 발견하기도 한다. 규정에 있는 요건 마지막에 명시된 '이에 준하는 사유가 있는 때'라는 조항 때문이다. 이 조항은 일반인이 판단하기는 어렵다. 그래서 전문가의 상담이 필요하다.

세무서에 가서 물어볼 수도 있다. 그런데 납세자가 찾아와서 본인이 신청 요건에 해당되는지 검토해달라고 하면 세무서 직원은 곤혹스럽다. 바쁜 업무 중에 상담하고 법률적으로 검토까지 해줄 시간이 없어서다.

게다가 나중에 문제가 생기면 책임을 져야할 수도 있으니, 세법에 나열된 규정만 답해줄 수밖에 없는 게 현실이다. 예기치 못한 일이 벌어졌다면 세무사를 찾는 게 가장 좋다. 세무사를 잘 활용해서 어떤 세금 혜택을 받을 수 있는지를 꼼꼼하게 챙기자.

세무조사를
안 받는 방법이 있을까?

'나는 세무조사를 받을 일이 없을 거야'라고 생각하는 사람이 많을 것이다. 그런데 희망사항일 뿐이다. 그러려면 항상 조심하고 또 조심해야 한다. 소득세를 신고할 때 세금을 줄일 욕심으로 가짜 경비를 비용으로 반영해달라고 요청한다거나 현금 수납을 유도해서 난처해진 사람들을 많이 봤다.

이와 같은 유혹이 생기면 세무사에게 전화해 물어보자. 현금 수납을 유도할 때의 장단점은 무엇인지, 어떤 위험성이 있는지, 다른 절세 방법은 없는지 등을 논의하면 된다. 하루가 다르게 검증 및 통제 시스템이 강화되고 있다. 세상의 흐름을 체감하지 못하고 자기 생각대로만 해도 세금을 피할 수 있다고 생각하는 것은 위험하다. 국세청은 막강한 정보력과 전산화 능력, 조사권이라는 힘이 있다. 그러니 조사하면 진실은 밝혀지고 만다.

5년만 지나면 세무서에서 세금을 부과할 수 없다고 생각하는 사람들이 의외로 많다. 세금을 부과할 수 있는 기간을 세법에서 '제척기간'이라고 정의하는데, 이 제척기간을 무조건 5년으로 잘못 알고 있어서 벌어지는 일이다.

제척기간은 세목과 사유에 따라 달라진다. 상속세와 증여세의 제척기간은 최소 10년에서 15년, 많게는 '국세청이 알게 된 날로부터 1년 이내'다. 부가세, 소득세, 법인세 등의 세목은 최소 5년이고, 세금 신고를 안 하면 7년, 그리고 사기나 기타 부정한 행위가 있는 경우에는 10년이다.

세금 문제는 언제나 예상치 못한 상황에서 일어난다. 믿었던 직원이나 주변 사람들에게 제보를 당하기도 하고, 친절하고 싹싹한 환자라고 생각했던 사람이 포상금 때문에 제보를 하기도 한다. 일종의 '세파라치'다. 열거한 사례를 겪지 않으려면 여러 번 말했듯이 마음 편히 상담하고 논의할 수 있는 세무사가 필수다.

국세청은 세금을 걷는 기관이다. 자선단체도 아니고, 국민의 복리후생을 책임지는 기관도 아니다. 국세청은 국가의 재정수요 충족이라는 목적을 가진 기관이다. 만일 세금이 잘 안 걷히면 사후검증과 조사가 늘어나고, 세법은 세수를 확충하는 방향으로 바뀐다.

세무조사를 안 받는 방법은 없다. 그저 조사받을 확률을 줄이는 방법만 있을 뿐이다. 국세청에서 세무조사 대상자를 선정할 때는 사업자의 성실신고 여부를 중요한 기준으로 삼는다. 국세기본법에서 명시하는 성실신고의 기준은 다음과 같다.

- 세무공무원은 납세자가 제81조의6(세무조사 관할 및 대상자 선정) 제3항 어느 하나에 해당하는 경우를 제외하고는 납세자가 성실하며 납세자가 제출한 신고서 등이 진실한 것으로 추정하여야 한다(국세기본법81의3).

- 납세자의 성실성 추정이 배제되는 사유(국세기본법81의6) 제3항

납세협력 의무만 성실하게 수행해도 가짜 증빙 또는 탈세에 대한 명확한 자료가 없으면 세무조사를 받을 확률이 많이 줄어든다. 다시 말해 절세 전략을 구사하면서 성실하게 신고하고 납부 의무만 이행해도 세무조사 걱정을 덜 수 있다. 성실도 분석은 법인세, 소득세, 부가가치세, 원천세 등 신고된 내용과 각종 세원정보 등을 반영해 전산 시스템으로 평가하는 것을 일반 원칙으로 하고 있다.

세무조사 대상자로 선정될 확률이 높은 경우와 전산시스템을 통한 정기 선정과 비정기 선정은 어떤 기준인지를 살펴보자.

- 정기 선정(정기적으로 신고의 적정성을 검증하기 위한 대상선정 사유)
- 비정기 선정(수시조사, 비정기 선정)

체납한 경우에도
세무사를 찾아라

세금에는 납부 마감일이 있다. 이를 '납부기한'이라고 한다. 납부기한까지 세금을 내지 않으면 납부지연가산세가 붙는다. 계속

해서 체납하면 세무서에서는 세금을 징수하는 강제 방법을 동원한다. 즉 압류 등의 방법을 이용한다.

세무서 입장에서는 납세자가 세금을 체납하는 것만큼 귀찮고 피곤한 일이 없다. 세금은 세무서가 받아가야 할 국가의 채권인데, 국세채권을 회수한다는 게 생각보다 쉬운 일이 아니기 때문이다. 그래서 간혹 안타까운 생각도 든다.

악의적으로 체납하려는 사람도 있지만, 대부분은 그렇지 않다. 필자의 경험상 무슨 일을 시작하든지 처음부터 체납자가 되겠다고 맘먹은 사람은 못 봤다. 처음부터 세금을 안 내려고 마음먹은 사람들은 대부분 타인의 명의를 빌려 사업을 시작했을 것이다.

사정이 어찌 되었든 세금을 체납했다면 세무사를 찾아 상담하자. 그런데 문제는 대부분의 사업하는 사람들이 체납을 해도 그냥 내버려둔다는 것이다. 세무서에서 오는 전화도 안 받고 독촉장도 무시한다. 그러다가 금융계좌가 동결된다든지, 부동산 압류가 들어간다든지, 사업자등록증 말소 통지가 날아왔을 때 그제야 움직인다.

체납을 했다면 세금을 어떻게 납부할지 계획을 세우는 것이 중요하다. 징수유예를 통해 납부기한 연장을 받을 방법도 검토해봐야 한다. 국세채권의 소멸시효 요건에 해당하면 체납처분 유예신청 등 체납에 따른 불이익을 최대한 막을 수 있다. 징수유예를 받으면 유예기간 중에는 국세의 가산금 또는 중가산금이 가산되지 않는다. 한편 체납액을 징수유예하면 해당 체납액에 대한 압류나 공매 같은 체납처분 등이 중단되는 이점이 있다.

징수유예 사유를 일반인이 읽었을 때 제대로 이해할 수 있을까? 사업에 현저한 손실을 본 경우란 어떤 손실을 말하는 것인지, 중대한 위기란 어떤 위기를 말하는 것인지, 현저한 손실과 중대한 위기의 차이는 무엇인지 등 일반인이라면 이해하기 어렵다.

5장

세무사를 활용하면
큰돈이 된다

선무당이
사람 잡는다?

부동산 매매계약을 할 때 업계약서나 다운계약서를 쓰면 안 된다. 그런데 경우에 따라 용인된다는 공인중개사의 말만 들었다가 피해를 보는 사례가 종종 있다.

2011년 7월 1일부터 시행된 양도소득세 비과세 또는 감면배제에 관한 규정이 있다(소득세법 제91조2항). 부동산을 매매하는 당사자가 매매계약서의 거래가액을 실제 거래가액과 다르게 적으면 비과세나 감면이 제한되고, 추징 세금이 발생할 수 있다. 왜냐하면

2011년 7월 1일부터 발생하는 양도소득세에 관한 규정이기 때문에 이전에 작성된 매매계약서는 해당 규정이 적용되지 않는다.

예를 들어 주택 매수자가 업계약서나 다운계약서를 작성한 후에 해당 주택을 양도할 때 1세대 1주택으로 비과세를 적용받았다고 가정해보자. 그러면 적은 금액을 비과세 받을 세액에서 차감한다. 즉 차이만큼 추가로 세금을 추징당한다는 뜻이다.

'관행'이라는 말만 믿고서 다운계약서를 썼다가는 낭패를 볼 수 있다. 공인중개사는 세무 전문가가 아니다. 그런데 그들의 조언을 듣고 그대로 따라했다가 낭패를 보는 경우가 종종 있다. 잘못된 조언으로 법정 소송에 이르는 사례도 봤다. 공인중개사가 세금의 일부를 물어주는 경우도 봤다.

세무대리인이 아니기에 세금 문제에 관해서는 늘 주의해야 한다. 1세대 1주택 비과세 대상이라고 판단했는데, 알고 보니 배우자 명의의 주택을 합산하지 않아 나중에 세금이 부과된 경우, 무허가주택은 주택이 아니라고 판단해서 신고하지 않았는데 나중에 세금이 부과된 경우, 동거하는 동생의 주택을 합산하지 않아 나중에 세금이 부과된 경우 등 '선무당이 사람 잡는 사고'는 무궁무진하다. 늦게 터진 세금 사고는 가산세가 붙기 때문에 피해 금액도 상당하다. 결국 누구의 말을 들을 것인가? 대개 사람들은 전문가의 말을 듣기보다는 친한 사람의 말을 우선 믿는 편이다. 왜 그럴까? 대부분이 주변에 '친한' 세무사가 없기 때문이다.

전세를 얻어서 들어갈 때는 집주인의 직업을 대략적으로 알고 있어야 한다. 국세채권 우선의 원칙 때문에 집주인이 체납한 세금으로 곤란한 일을 겪는 경우도 있어서다. 그래서 공인중개사는 집주인의 세금 체납 여부까지 꼼꼼하게 확인해야 한다.

다음 신문기사를 보자.

'전세 포비아'에 집주인 미납세금 조회 폭발적 증가

직장인 A씨는 전셋집을 둘러보다가 마음에 드는 집이 있어 계약하려고 마음먹었다. 하지만 최근 전세 사기 피해가 빈번해서 걱정이 앞섰다. 고민 끝에 A씨는 거주하고 있는 자치구 내 상담센터를 찾았다. 계약하려는 집에 임대인의 미납된 세금은 없는지 미리 확인하고 싶었기 때문이다. A씨는 "계약 전이라면 임대인 동의하에 미납세금 조회가 가능하다"라는 답을 들을 수 있었다. 계약 전이라 임대인 동의가 필요해 난관이 예상되었지만, 미납세금 여부를 확인한 후 계약하기로 했다.

전세 사기 우려가 고조되면서 집주인의 미납세금을 확인하려는 임차인이 늘고 있다. 전세보증금을 돌려받지 못하는 피해를 사전에 막기 위해서다. 서울시에 따르면 올해 4월 서울 지역에서 임대인의 지방세 체납을 조회한 건수가 212건으로 집계되었다. 정부가 4월부터 전세 사기 피해를 예방하기 위해 전세계약 기간 중에는 임대인의 별도 동의 없이도 세입자가 집주인의 세금 체납 여부를 조회할 수 있도록 제도를 개선했다. 시행 첫 달에 영업일 기준 하루 10건가량 조회된 셈이다. 서울시 지방세 체납 조회 건수는 지난해 같은 기간에는 단 1건도 없었다. 전달 12건에 비해서 17배 이상 폭발적으로 늘어난 수치다. 서울시 관계자는 "임대인 체납 조회는 계약 기간 중 임대인 동의 없이도 조회가 가능하고, 최근 전세 사기에 대한 우려감이 높아지면서 증가한 것으로 보인다"고 설명했다.

서울 25개 자치구 중에서 4월 미납 조회건수 최다 지역은 강남구로 29건에 이른다. 이어 강서구가 18건, 송파구가 13건 순이다. 금천구와 관악구 등도 10건이 넘었다. 강서구와 금천구의 경우, 조회제도 시행 직전 달인 올해 3월에는 각각 2건에 불과했다. 전반적으로 전세 사기 피해가 빈번하고 대단지가 많은 지역에서 조회가 눈에 띄게 늘어났다.

지방세에는 취득세와 재산세, 지방소득세를 비롯해 자동차세, 주민세 등 11개 세목이 해당된다. 주로 취득세와 재산세, 지방소득세 등의 비중이 크다.

다만 제도 개선에도 전세 사기 불안감은 여전하다는 지적이 나온다. 임차보증금이 1천만 원을 초과하거나 임대차계약 기간 이외에는 기존처럼 임대인 동의가 있어야 체납 조회가 가능하기 때문이다. A씨처럼 전세계약 전 집주인의 미납세금을 조회하려면 여전히 동의가 필요하다는 의미다.

엄정숙 법도 종합법률사무소 변호사는 "전세 사기 사건 중 상당수는 집주인의 세금체납 사실을 세입자가 알지 못한 채 계약하면서 발생한다. 집주인의 세금체납이 무서운 이유 중 하나가 세입자의 전입 신고가 빠르더라도 추후 생긴 세금체납이 우선변제 순위에서 앞선다는 것"이라며 "집주인 동의 없이 세금체납 여부를 조회하려면 결국 임대차계약서가 필요하다. 따라서 계약 후라도 세금체납이 확인되면 계약해지가 가능하도록 법 개정이 요구된다"고 지적했다.

이어 체납 조회에 대한 보증금 범위 확대나 임대인의 개인정보 보호 우려 등도 제기되고 있다. 이에 대해 정부 관계자는 "임대보증금이 1천만 원 이하로 적어 소액인 경우 임대차 보호법 등을 통해 보장이 되고 있다. 임대인의 개인정보 보호를 위해 체납 조회 후에는 집주인에게 조회 사실이 통보된다"고 설명했다.

— 파이낸셜뉴스(2023년 5월 7일)

부동산 임대차계약을 할 때 세입자는 집주인의 체납 사실을 확인할 필요가 있다. 국세채권의 우선순위에서 본인의 보증금이나 전세금이 밀릴 수 있으므로 공인중개사에게 요구해야 한다. 많은 공인중개사들이 집주인의 세금 문제는 개인의 문제라고 생각하는 경향이 있다. 그래서 대체로 납세증명서를 요청하지 않는다. 기억하자. 본인의 재산은 본인이 지키는 것이다. 누가 대신 해주길 바라지 말고, 언제 어떻게 발생할지 모르는 세금 사고를 방지하기 위해 스스로 챙겨야 한다.

최근에 전세 사고가 많이 발생해서 법이 세입자에게 유리하게 바뀌었다. 그리고 공인중개사도 납세증명서 확인 과정을 추가하면, 꼼꼼하고 치밀함이 돋보이는 전문가로 인정받을 수 있다.

무신고 시에는
가산세 불이익이 생긴다

무신고 시에는 산출세액의 20% 금액(복식부기의무자는 수입금액의 7/10,000 중 큰 금액)을 무신고가산세로 부담하고, 미납부 세액에 대해 1일 22/100,000를 곱한 금액을 납부지연가산세로 추가 부담하게 되므로 주의해야 한다.

▶신고불성실가산세 알아보기

1. 무신고가산세

① 일반무신고 가산세＝무신고 납부세액×20%

② 부당무신고 가산세＝무신고 납부세액×40%

· 복식부기의무자는 위의 금액과 수입금액×0.07%(부정 무신고는 0.14%) 중 큰 금액으로 한다.

· 부정한 방법으로 무신고한 경우

  - 이중장부의 작성 등 장부 거짓기장

  - 거짓 증빙 또는 거짓 문서의 작성

- 거짓 증명 등의 수취(허위임을 알고 수취한 경우)

- 장부와 기록의 파기

- 재산을 은닉하거나 소득, 수익, 행위, 거래의 조작 또는 은폐

- 전사적 기업지원관리설비의 조작 또는 세금계산서의 조작

- 그 밖에 위계에 의한 행위 또는 부정한 행위

2. 과소신고가산세

① 일반과소신고 가산세＝과소신고 납부세액×20%

② 부당과소신고 가산세＝과소신고 납부세액×40%

3. 납부(환급)지연가산세(①＋②)

① 미납·과소·초과환급세액×기간×0.022%

② 납부고지 후 미납세액×3%

1세대 1주택으로 양도소득세 비과세 대상이라고 판단해서 신고를 안 하는 경우가 있다. 물론 비과세나 양도차손이 발생해서 납부할 세금이 없다면 더할 나위 없이 좋겠지만, 세무서에서 검토하고 확인해서 과세 대상으로 판단할 경우에는 미납한 세금과 가산세라는 불이익을 받는다. 그래서 세금을 납부할 것이 없다면 가능한 신고를 하는 게 좋다. 그래야 나중에 잘못되더라도 가산세가 줄어들기 때문이다.

앞서 제시한 가산세 계산 방식을 보면, 신고해서 받는 가산세와 신고를 안 해서 받는 가산세에 상당한 차이가 있음을 알 수 있다. 그러니 무조건 신고를 하는 것이 유리하다.

세무사는
언제 만나야 할까?

세무 상담을 받고 싶어도 언제 받아야 할지 몰라서 절세 타이밍을 놓치는 경우가 허다하다. 더 이상 손을 쓸 수가 없을 때가 되어서야 전문가를 찾는다. 세무사는 '경제적 가치가 있는 물건이 움직이기 직전, 즉 돈이 움직이기 직전'에 만나는 것이 가장 좋다.

돈이 움직이기 직전에 절세 대책을 세우고 대비해야 한다. 그래야 생각지도 못한 세금 문제로 고민할 일이 줄어든다. 부동산을 매수하거나 매도할 때는 언제 전문가를 찾아야 할까? 부동산 매매 계약을 하기 전이 좋다. 아니면 더 이를수록 좋다. 계약을 하면 계약금이 움직인다. 그때부터 세금 문제의 싹이 트기 시작한다.

개원을 시작하는 사람이라면 언제 세금 문제를 고민해야 할까? 바로 개원을 준비할 때부터다. 준비하는 과정부터 돈이 나가기 때문이다. 즉 돈이 움직였다면 사업 준비를 위해 지출된 금액을 어떻게 비용으로 인정받을지 컨설팅을 받자.

| 명목에 따른 세금 명칭 |

명목		세금 명칭
사업		사업소득세, 부가가치세
근로 제공 시		근로소득세
연금 수령 시		연금소득세
부동산 이전	돈	양도소득세
저축		이자소득세
투자		배당소득세
생존 시 무상		증여세
사망 시 무상		상속세

　진료를 시작하면 매출이 생기고 돈이 들어온다. 돈이 움직이면 세금 문제가 따라온다. 그러니 매출이 생기기 전에 미리 대비해두자. 돈(재산)과 세금은 실과 바늘이다. 돈 가는 곳에 세금이 간다. 돈이 움직이는 명목에 따라서 세금의 명칭도 달라진다. 다시 말해 돈이 움직이는 사연에 따라 세금의 이름이 달라진다.

　사업을 해서 돈이 들어오면 사업소득세가 따라오고, 회사에 근로를 제공하고 돈이 들어오면 근로소득세가 따라온다. 부동산을 넘겨주고 돈이 들어오면 양도소득세가 따라오고, 자녀에게 돈을 주면 증여세라는 세금이 따라온다. 위의 표를 보자. 돈이 움직이는 명목에 따라 세금의 명칭만 달라질 뿐, 따라다니는 것은 동일하다.

다시 강조하지만 돈과 세금은 실과 바늘이다. 돈이 움직이면 세금 문제가 발생한다는 사실을 기억하자. 명목이 어떻든 세금의 이름만 달라질 뿐, 돈이 움직이면 세금이 따라간다. 그러니 미리미리 세금에 대비하자. 그리고 세무사를 만나는 가장 좋은 타이밍은 돈이 움직이기 직전이라는 사실을 기억하자.

계좌 관리를 잘해야 하는 이유

개원을 하는 사람이라면 계좌 관리를 잘해야 한다. 어떤 형태의 사업이든 상관없다. 사업용 계좌를 사용해야 한다면 임차료, 인건비, 매출채권 수금 등 계좌 이용뿐만 아니라 각종 대금결제에서도 계좌 관리가 중요하다. 그런데 계좌 관리를 잘한다는 의미가 무엇인지를 정확히 이해하는 사업자가 생각보다 적다.

세무사가 말하는 사업용 계좌와 사업용 신용카드는 국세청 홈택스에 등록하는 계좌와 신용카드를 말한다. 일반인은 보통 은행 등 금융기관에서 사업용 계좌를 발급받고, 은행 상품 중 하나인 사업용 신용카드를 발급받는 것이라 이해할 것이다. 그만큼 세무사가 사용하는 용어와 일반인이 이해하는 용어가 다르다. 그러니 주변에 언제든 상담할 수 있는 세무사 한두 명을 알아두면 많은 도움이 된다.

세무사에게는 각자의 전문 분야가 있다. 병의원 세무, 치과 세무, 학원 세무 전문 등 다양하다. 해당 전문 분야에서 경험을 많이 해본 전문 세무사를 찾는 것도 중요하다. 세무공무원 출신인지 아닌지는 중요하지 않다. 어떤 분야를 전문으로 하는지가 중요하다.

국세청에서 일한 경력이 있다면 세무 행정 이해도가 상당히 높을 것이다. 다만 모든 분야의 전문가라고 말할 수는 없다. 세무 사업은 무형의 지식을 파는 사업이다. 이 때문에 무엇이든지 자신 있다고 말하는 세무사도 있다. 그런데 정작 고객에게 필요한 것은 잘 포장된 전문가가 아니다. 진짜로 문제를 해결해줄 수 있는 전문가가 필요하다는 사실을 명심하자.

거래하기에
좋은 사람이란?

세무사 입장에서 거래하기에 좋은 사람이란 첫째, 연락이 잘 되는 사람이다. 세무기장을 시작하면 사업자등록증 사본, 입출금 계좌, 재고자산내역, 고정자산 보유현황, 대출금 자료, 리스상환 스케줄, 의료장비 매매계약서, 차량등록증 등 기초 자료가 필요하다. 이때 연락이 잘 되어서 필요한 자료를 전달해주는 원장님이 있는가 하면, 연락 자체가 안 되는 원장님도 있다. '세무사란 매월 세무기장료를 받으면서 고객의 절세를 위해 노력하는 파트너'라는 사실을 이해하고 협조해줘야 한다.

둘째, 이메일과 팩스를 보낼 줄 아는 사람이 좋다. 스마트 시대인 만큼, 인터넷과 스마트폰 사용은 필수다. 그런데 기기의 사용법을 모르면 시간을 낭비할 수 있다. 세무 업무를 대행하면 필요한 자료를 수시로 요구할 수 있고, 빠른 전달을 위해서 특급배송이나 익일배송을 요청하기도 한다. 그런데 이보다 더 빠른 방법이 바로 이메일과 팩스다.

필요한 자료를 사진으로 찍거나 스캔을 해서 이메일로 보내달라고 요청하는 때도 있다. 요즘에 이메일 보낼 줄 모르는 사람이 어디에 있겠냐 싶어도 의외로 모르는 원장님이 있다. 빠르고 효율적인 업무처리를 원한다면, 이메일과 팩스 전송 정도는 할 줄 알아야 한다.

셋째, 조언을 잘 따르는 사람이 좋다. 세무사는 주기적으로 거래처에 절세 안내를 한다. 그런데 바쁘다는 이유로 세무사의 가이드를 잘 안 따르는 사람이 있다. 홈택스에 신용카드 등록, 홈택스로 수임동의하기, 사업용계좌 등록하기, 현금영수증 가맹점 등록하기 등 기장서비스를 제공하기 위한 안내를 잘 따르지 않는 사람은 약은 먹지 않고 병이 낫길 바라는 것과 같다.

세무사가 제시하는 안내는 대부분 절세를 위한 것이다. 본인에게 도움이 되는 안내이지 해가 되는 안내가 아니다. 그런 의미에서 세무사는 사업의 파트너다. 따라서 절세 파트너의 조언을 잘 따르고, 이해 안 되는 부분이 있다면 질문하면서 문제를 해결하려고 노력해야 한다.

넷째, 납부기한을 잘 지키는 사람이 좋다. 세금 신고는 세무사가 하지만 납부는 결국 고객 본인의 몫이다. 은행에 가서 납부를 해도 되고, 홈택스나 인터넷뱅킹으로도 납부할 수 있다. 세금에는 납부기한이 있으므로 반드시 지키는 것이 좋다. 기한을 넘겨서 납부하면 가산세가 부과된다는 사실을 명심하자.

세무서에서
안내장이 날아왔다면?

세법은 일반인 입장에서 불합리한 점이 많다. 그렇다고 세무사와 논쟁하지는 말자. 납세자나 세무사가 봤을 때 불합리한 법률이라 해도 국가의 입장에서는 합리적일 수 있으니 말이다. 세법은 국가의 재정수요를 충족시키고자 만들어진 법이다. 쉽게 말해 세법은 국가가 국민을 상대로 돈을 걷고자 만든 법이고, 국세청은 그러한 국가의 임무를 수행하는 국가기관이다.

국세청의 과세처분이 너무 억울하다고 생각하면 이의제기를 할 수 있다. 이를 조세불복이라고 한다. 조세불복은 과세관청으로부터 부당한 처분을 받거나 필요한 처분을 받지 못했을 때 행할 수 있는 납세자의 권리다.

해명안내장, 과세예고통지안내장을 받았다면 최대한 빨리 세무사를 찾아야 한다. 지급명세서제출안내장, 부가가치세신고안내장, 종합소득세신고안내장은 국세청에서 서비스 차원으로 해주는 배려. 부가세, 종합소득세, 법인세는 자진신고 납세제도이므로 납세자 본인이 신고하고 납부해야 한다. 신고 안내장을 못 받아서, 신고기한 내에 신고하지 못했다고 해서 책임이 사라지거나 가산세가 줄어드는 것도 아니다.

자진신고 의무가 있는 세금이라면 신고를 하지 않을 경우에 과세자료해명안내서 또는 과세예고통지를 받는 경우가 있다. 이때는 지체 없이 전문가를 만나자. 몸에 이상이 생겼다 싶으면 빨리 병원을 찾아서 진단을 받고 치료를 받는다. 그래야 몸이 낫는다. 세금도 마찬가지다.

해명안내장과 과세예고통지는 본인의 납세의무에 무엇인가 이상이 생겼다는 신호와도 같다. 물론 세무서에서 세금을 부과하겠다는 우편물을 받으면 당황스럽고 피하고 싶은 생각에 거부감이 들 수도 있다. 그럴수록 전문가를 만나 차분하게 상담하는 게 해결책을 빨리 찾고, 세무사가 해당 과세예고 내용을 검토하고 준비할 수 있는 시간을 버는 것이다.

세금에도
골든타임이 있다

　과세예고통지가 나왔다고 해서 언제든지 이의를 제기할 수 있는 것은 아니다. 과세예고통지서는 받은 날로부터 30일 이내에 과세전 적부심사를 청구할 수 있다. 굳이 적부심까지 가지 않더라도 해결될 부분이 있다. 때문에 통지서를 받으면 전문가와 상의한 후에 적부심 청구 여부를 논의하자. 30일이 지나면 조세불복이라는 다음

| 불복청구 절차 |

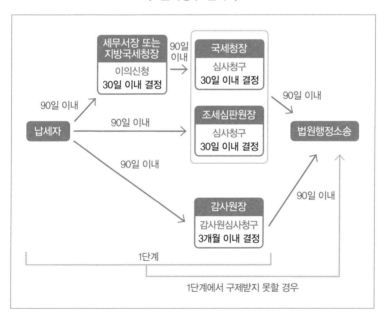

단계를 고려해야 하기 때문에 최대한 빨리 전문가를 찾아야 한다.

사고에서만 골든타임이 있는 게 아니다. 세금에도 골든타임이 있다. 세금이 부과된 뒤에 불만이 있거나 이의가 있다면 이의신청, 심사청구, 심판청구 등 불복을 진행할 수 있다. 이것도 90일 이내에 행해야 한다. 바쁘다거나 불안한 마음에 망설이다 보면 불복할 수 있는 골든타임을 놓칠 수 있다. 각종 세금의 신고기한과 가산세 감면기한 등 크든 작든 골든타임이 있다는 사실을 기억하자. 다음은 세금 신고 시에 알아두면 좋을 주의점이다.

- 각종 세금의 신고 납부기한을 놓치지 말자.
- 신고를 하지 못했다면 신고기간이 지난 뒤라도 최대한 빠른 시간 내에 신고하자. 그것이 가산세를 조금이라도 줄이는 길이다.
- 분야별·업종별 전문 세무사를 찾아라. 업종에 따른 세금적인 이득이나 업종에 맞는 감면 규정과 개정세법 정보를 얻을 수 있다. 예를 들어 통합고용세액공제 등 개정세법 정보를 얻을 수 있다.
- 과세예고통지(세무서에서 세금 고지서를 보내기 전에 납세자에게 그 사실을 통지하는 문서) 안내장을 받으면 최대한 빨리 세무사를 찾아라.
- 본인의 소득이 여러 군데에서 발생했다면 소득세 신고기간이 되기 전에 세무사와 상담하자. 상담할 때는 모든 소득을 오픈하자.

살다 보면 세무서에서 보낸 안내장이나 통지서를 받을 수 있다.

| 세무조사 사전통지서 |

■ 조사사무처리규정 [별지 제1호 서식](국세기본법 시행규칙 서식)

국세청

행 정 기 관 명

수신자
(경유)

제 목 세무조사 사전 통지
귀하(귀사)에 대한 세무조사를 실시하기에 앞서 아래와 같이 알려드립니다.
(근거: 「국세기본법」 제81조의7제1항 및 같은 법 시행령 제63조의6)

납 세 자	상 호 (성 명)		사업자등록번호 (생 년 월 일)	
	사업장 (주 소)			
조 사 대 상 세 목				
조사대상 과세기간 (자료요청 대상기간)		년 월 일 ~	년 월 일	
조 사 기 간		년 월 일 ~	년 월 일	
조 사 사 유				
조 사 제 외 대 상	세목:	과세기간:	범위:	
부 분 조 사 범 위				

만약 귀하(귀사)에게 「국세기본법 시행령」 제63조의7제1항에 해당하는 사유가
있으면 세무조사의 연기를 신청할 수 있습니다.

※ 「국세기본법 시행령」 제63조의7제1항에 해당하는 사유
   1. 화재, 그 밖의 재해로 사업상 심각한 어려움이 있을 때
   2. 납세자 또는 납세관리인의 질병, 장기출장 등으로 세무조사가 곤란하다고 판단될 때
   3. 권한 있는 기관에 장부, 증거서류가 압수되거나 영치되었을 때
   4. 제1호부터 제3호까지의 규정에 준하는 사유가 있을 때. 끝.

발 신 명 의   직인

이 통지에 대한 문의 사항 또는 조사 시작 전 세무조사 사전 심사의 신청 등에 관한 궁금한 사항은 ○○○ 담당자
○○○(전화)에게 연락하시기 바라며 조사 시작 이후 세무조사와 관련하여 불편·애로 사항이 있을
때에는 납세자보호담당관 ○○○(전화)에게 연락하시면 친절하게 상담해 드리겠습니다.

기안자 직위(직급) 서명   검토자 직위(직급)서명   결재권자 직위 (직급)서명
협조자
시행   처리과-일련번호(시행일자)   접수   처리과명-일련번호(접수일자)
우   주소   홈페이지 주소
전화( )   전송( )   / 기안자와 공식전자우편주소   공개구분
210mm×297mm[일반용지 70g/㎡(재활용품)]

부가세신고 안내문, 소득세신고 안내문, 법인세신고 안내문, 기한

후 신고안내문 정도는 쉽게 이해할 수 있는 편이다.

　세무조사 사전통지서는 본격적으로 세무조사에 돌입하기 전에

조사를 준비할 수 있도록 사전 안내해주는 통지서다. 세무조사 사

전통지서에는 납세자 기본정보, 조사대상 세목, 조사대상 과세기

간, 조사기간, 조사사유, 조사를 연기할 수 있는 사유 등이 명시되

어 있다. 해당 통지서를 받으면 당황하지 말고 전문 세무사를 만

| 과세예고통지서 |

기 관 명

수신자
(경유)
제 목 과세예고 통지

귀하(귀사)의 (   )에 대하여 과세할 내용을 아래와 같이 알려드립니다.

| 납세자 | 상 호
(성 명) | | 사업자등록번호
(생 년 월 일) | |
| | 사업장
(주 소) | | | |

1. 과세예고 종류 :

과세예고 내용

2. 결정할 내용(예상 총 고지세액 :   원)
※ 지방소득세(소득세·법인세)의 경우 예상고지세액의 10%) 및 소득금액 변동 관련세액 별도   (단위 : 원)

구 분	신고 과세표준	결정 과세표준	산출세액	예상 고지세액
법인세				
종합소득세				
부가가치세				
상속증여세				
양도소득세				
기타세(원천· 개별소비·주세 등)				

3. 소득금액 변동 명세(법인세법에 따른 소득처분)   (단위 : 원)

소득종류	귀속자	귀속연도	소득금액	원천징수 예상세액	수정신고·납부기한
					소득금액변동통지서를 받은 날의 다음 달 10일

붙 임 : 1. 수입금액, 과세표준 및 세액과 가산세의 산출명세 1부.
2. 과세예고 항목별 내역 및 사후관리할 사항 1부.
3. 과세예고 통지서에 대한 권리구제 절차 1부. 끝.

기 관 장 직인

위 내용과 관련한 문의사항은 담당자에게 연락하시면 친절하게 상담해 드리겠습니다.

◆ 담당자 : ○○○과 ○○○ 조사관(전화 :   . 전송 :   )

기안자 직위(직급) 서명   검토자 직위(직급)서명   결재권자 직위 (직급)서명
협조자
시행   처리과명-일련번호(시행일자)   접수   처리과명-일련번호(접수일자)
우   주소   /   홈페이지 주소
전화( )   전송( )   / 기안자의 공식전자우편주소   / 공개구분
210㎜×297㎜(백상지 80g/㎡)

나서 세무조사 진행 과정을 논의하자.

세무서 또는 지방국세청이 세금을 고지하기 전에 앞으로 부과
될 세금에 대한 내용을 과세예고통지서로 전달하고, 납세자는 과
세예고통지서를 받고 30일 내에 소명하고 싶은 내용이 있으면 과
세전적부심사를 통해서 이의를 제기하면 된다.

위 서식은 과세예고통지서로, 말 그대로 과세를 하기 전에 세

목, 세무서에서 결정한 과세표준, 산출세액, 예상고지세액을 예고하는 통지서다. 이 통지서를 받은 날로부터 30일 이내에 적부심사 또는 조기결정을 신청해야 한다.

| 상속세(증여세) 해명자료 제출 안내 |

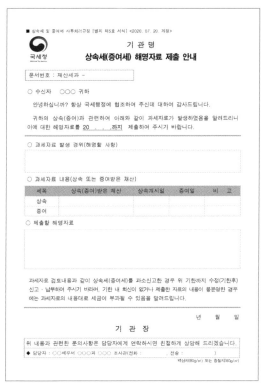

위 서식은 상속세 과세자료 또는 증여세 과세자료로, 이를 해명하라는 안내문이다. 세금을 신고할 때 누락했거나 신고를 놓친

부분이 있다면 해명하고, 해명기한을 명시한 안내문이다. 즉 해명 기회를 준 셈이다.

| 부가가치세 해명자료 제출 안내 |

부가가치세 해명자료 제출 안내문은 세무서에서 파악한 가짜 세금계산서가 의심되는 내용을 해당 과세기간, 발생처, 금액이 명시되어 있는 것으로 해명하라는 안내문이다. 가짜 세금계산서가

아니라면 거래명세서와 금융거래내역을 근거로 해명해야 한다. 사업자등록증을 발급받고 사업을 하는 사람들에게 나올 수 있는 안내문인데, 본인이 가짜 세금계산서를 돈 주고 사서 공제받은 일이 없다면 사실관계를 파악해 해명하면 된다.

안내문의 내용만 봐도 국세청의 정보력이 상당하다. 그러니 탈세가 아닌 절세로 세금 절약의 길을 선택해야 한다. 사전 대비를 잘한다면 수수료를 깎기보다 더 쉬운 게 세금 깎기다.

약은 약사에게, 진료는 의사에게, 세금은 세무사에게!

우리는 어렸을 때부터 필요한 것이 있으면 어디로 연락해야 하는지, 무엇을 찾아야 하는지를 배웠다. 화재가 나면 소방관을 찾고, 강도를 만나면 경찰관을 찾고, 몸이 아프면 의사를 찾도록 배웠다. 그렇다면 법률 문제가 생기면 어디로 가야 할까? 세금 문제가 생겼을 때 누구를 찾아야 할까?

법률 문제가 생기면 변호사를 찾아야겠다는 생각은 드는데, 세금 문제가 생겼을 때는 세무사를 곧장 떠올리지 않는 듯하다. 세무서를 찾아가야 한다는 사람, 세무사를 만나야 한다는 사람, 구청을 가야 한다는 사람까지 다양하다.

5월(성실신고의 경우 6월)은 대한민국의 수많은 병원 원장님과 소득자들이 종합소득세 신고를 하는 달이다. 프리랜서로 일하는 마취과 원장이 소득세 신고기간에 홈택스로 직접 신고를 했다. 단순경비율로 간단하게 신고를 마쳤는데, 몇 달 뒤 과세예고통지서가 날아왔다. 기준경비율 대상인데 단순경비율로 잘못 신고해서 추가 납부세액이 1천만 원가량 생긴 것이다. 수정신고로 추가 납부세액을 줄였지만, 가산세와 세금으로 말미암은 상처가 남았다. 세금이라는 뜨거운 물에 손가락 끝이 살짝 데였다고 생각하면 된다. 위험 부담을 생각한다면 소득세 신고대행수수료는 상대적으로 저렴하므로 전문가에게 의뢰하는 것이 효율적이다.

또 다른 사례를 보자. 주택을 양도한 분인데, 개인 사정상 배우자와 주소지를 달리 해서 주말부부로 지냈다. 배우자에게는 오래전부터 주택 한 채가 있었고, 본인에게도 주택 한 채가 있었다. 그는 세금 문제가 고민되어서 본인의 주택을 양도할지 말지를 공인중개사와 상담했다. 공인중개사는 배우자와 주소지가 다르기 때문에 본인의 주택을 양도해도 1세대 1주택에 해당되어 비과세가 되므로 걱정말라고 했다. 그는 그 말을 듣고 한 치의 의심도 없이 주택을 팔았다.

그러던 어느 날, 세무서에서 전화가 왔다. 공인중개사가 한 말과 달리 1세대 1주택 비과세 규정에 해당하지 않으니 양도소득세 7천만 원을 내라는 연락이었다. 처음에는 보이스피싱인 줄 알았다고 한다.

과세예고통지서를 받고 난 뒤에야 헐레벌떡 필자를 찾아왔다. 나는 1세대 1주택 비과세 여부를 판단할 때 주소지 여부에 상관없이 배우자의 주택도 주택 수에 포함시키므로, 비과세에 해당하지 않는다고 알려주었다. 그는 안타깝게도 당시의 공인중개사와 법적 분쟁 중이다. 세무사와 간단한 상담 한 번이면 끝날 문제를 법적 분쟁까지 하면서, 돈 잃고 사람 잃는 슬픈 드라마로 만드는 사람도 있다.

세무사에게 세무기장을 맡기면 4대보험(국민연금·건강보험·고용보험·산재보험)에 관한 서비스를 제공한다. 그리고 병원에서 발생하는 노무와 관련해서 상담도 한다. 병원을 운영하다 보면 직원을 추가로 고용하거나 직원과 노사 문제가 일어나기도 한다. 근로기준법을 검토해야 할 상황이 생기거나 퇴직금, 실업급여, 육아휴직 등 여러 가지 분쟁이 발생하기도 한다.

이러한 문제를 세무사가 처리하는 때도 있지만, 대부분의 세무사는 노무 전문가가 아니다. 물론 공인노무사 자격증을 취득해 노무와 세무 지식을 겸비한 세무사도 있고, 거래처에서 노무 상담이 많이 들어와 노무 지식이 풍부한 사람도 있다. 그러나 4대보험 업무를 넘어서는 노사분쟁이라면 담당 세무사에게 노무사를 소개해 달라고 하는 편이 낫다.

공인노무사의 상담료는 대부분 무료다. 그래서 부담도 없다. 직원을 채용해서 사업한다면 공인노무사를 한 명 정도는 알고 있는 게 현명하다. 보통 세무사들은 공인노무사들과 업무 협약을 맺어 협업을 많이 한다. 그러니 세무사 주변에 아는 노무사가 한두 명은 있으니, 본인의 담당 세무사에게 물어보면 된다. 절세를 잘해주는 세무사를 통해서 기분이 좋아지고, 노사 문제를 해결해주는 노무사를 활용해 스트레스를 없애야 한다. 그래야 진료에 집중할 수 있다.

병이 나기 전에 건강검진과 예방이 우선이다. 문제가 발생할 조짐이 조금이라도 보이면 전문가를 찾아 빠른 시일 내로 위험요인을 제거하자. 그래야 적은 비용으로 빠르고 효율적으로 해결할 수 있다.

어떤 사람은 모든 국민이 절세하면 세금이 안 걷혀서 국가 재정이 위태롭게 되는 것 아니냐고 말하는 사람도 있다. 그런데 국가 재정을 위태롭게 하는 것은 절세가 아니라 탈세다. 절세는 운동을 해서 성실하게 살을 빼는 것과 같다. 그러니 절세에 최선을 다하길 바란다.

세무사도 꼭 챙기는 절세 꿀팁!

세무 업무를 하면서 일반인들이 꼭 챙겼으면 좋을 팁들이 있다. 세무사도 반드시 챙기는 절세 팁에 대해 알아보자.

국세청 홈택스 가입 및 신용카드 등록하기

개원을 하든지 급여를 받고 직장생활을 하든지, 경제활동을 한다면 가입해야 할 사이트가 있다. 바로 국세청 홈택스다. 세금과 조금이라도 관련 있다면 반드시 가입하자. 세무서에 가지 않고도 집에서 각종 서류를 발급받을 수 있다. 그리고 본인이 발급받은 현금영수증과 본인 명의의 신용카드 사용액까지 한눈에 파악할 수 있다. 만약 급여를 받는 원장이라면 홈택스에서 제공하는 연말정산 간소화 서비스를 이용해 자료를 PDF 파일로 다운받을 수도 있다.

사업자등록증 발급 신청뿐만 아니라 각종 세금 신고와 자료 제출도 홈택스로 할 수 있다. 대출을 받으려면 소득금액증명원과 부가가치세 과세표준증명원이 필요한데 가능하다. 그리고 사업자등록확인서, 폐업사실확인서까지 모두 발급받을 수 있다.

요즘은 대부분의 세무사 사무실에서 전자신고를 한다. 전자신고도 홈택스를 통해 신고하는 것이다. 개원한 원장이라면 소득세와 부가세를 신고할 때 매입세액공제 혜택을 보기 위해서는 홈택스에 신용카드 등록하는 것을 잊어서는 안 된다.

대금 결제는 계좌이체를 하고 전자세금계산서를 발급받자

개원 준비를 하거나 병원을 경영할 때를 보자. 500만 원 이상 결제를 해야 할 상황이라면, 가능하면 계좌이체를 하고 전자세금계산서를 받도록 하자. 신용카드로 간편하게 결제할 수 있지만 추후에 자금출처 조사에 대비해 신용카드보다는 계좌이체를 하고 전자세금계산서를 받는 게 유리하다. 신용카드로 결제해도 전자세금계산서를 발급받은 것과 같이 증빙으로 인정되어 절세 혜택을 누릴 수 있다. 평균적으로 500만 원 이상 지출이 발생한다면 전자세금계산서가 더 유리하다.

▌대금 지급은 계좌이체로 하고 메모를 해놓자

병원 원장님은 진료를 보느라 대개 바쁘다. 그래서 영수증 등을 받기가 곤란할 때가 있다. 이럴 때 가능하면 계좌이체로 현금을 거래하고 계좌이체 내용을 잘 기록해두자. 증빙을 못 챙겼다고 하더라도 증빙불비 가산세를 물면서 비용 인정을 받는 것이 세금 혜택에 유리하다.

▌큰돈이 나갈 때는 계약서를 작성하자

병원에 보수 공사를 한다거나 인테리어 공사를 하는 등 큰돈이 움직일 때가 있다. 이때 가능하면 계약서를 작성하는 게 좋다. 거래하는 사람이 아는 사람이라고, 친한 사람 소개로 진행하는 것이라고 계약서를 받기가 곤란하다는 사람들이 있다. 그럴 때는 세무사 핑계를 대자. 우리 업체 담당 세무사가 계약서를 받아오라고 시켰다는 핑계를 대서라도 계약서를 작성하자. 계약서는 세무 업무뿐만 아니라 민사 소송에서도 유리한 경우가 많다. 계약서는 상호 간에 신뢰를 담보하는 장치이자 절세의 기본이다.

▌의료 장비 취득 시 절세 혜택을 검토하자

세무사인 나조차도 차량을 취득하거나 각종 비품을 취득할 때, 그 물건을 취득함으로써 얻을 수 있는 절세 혜택은 무엇인지를 고민한다. 병원을 운영하는 원장이라면 자산 취득 덕분에 얻는 혜택이 무엇인지, 세무사에게 자문하는 습관을 갖는 것이 좋다.

예를 들어 차량을 취득할 때는 '이 차를 사면 부가세 환급은 되는지, 소득세나 법인세 절세 혜택은 무엇인지, 할부와 일시불 중에서 어떤 결제 방식이 나은지' 등 세무적인 부분을 상담받는 것이 낫다.

의료 장비 같은 유형자산은 지급한 비용이 한꺼번에 모두 비용처리되는 것이 아니다. 감가상각이라는 방법을 통해서 몇 년간 비용처리된다. 차량을 구입할 때 부가세 환급 여부는 해당 차를 판매하는 영업사원이 더 잘 아는 경우가 많다.

인터넷 게시판 상담과
전화 상담 알아보기

세무 업무를 하다 보면 여러 가지 상담을 한다. 상담 방식도 여러 가지다. 인터넷, 전화, 대면 등이 그렇다. 각각의 상담 방식이 갖는 특징은 무엇인지, 그리고 문제점은 무엇인지 살펴보자.

최근 인터넷상에서 활동하는 전문가가 많아졌다. 한 분야에서 전문가에 준하는 지식을 가진 사람들도 많다. 그래서 본인이 잘 아는 분야에 질문이 올라오면 친절하게 답변해주는 사람도 있다. 그런데 다른 분야라면 몰라도 개인 신상과 사실관계를 따져봐야 하는 세무 업무에서는 인터넷 상담이 정확하지 않다.

인터넷에 떠돌아다니는 세무 상담 글을 읽어보면 답변이 너무나 두루뭉술하고, 질문자가 잘못 이해할 법한 세법 용어를 사용하는 것 같다. 좀 더 사실관계를 파악한 후에 답변할 수 있을 것 같은데 일방적인 답변을 다는 등 한계가 보인다. 국세청에서 운영하는 고객만족센터의 게시판 상담 답변조차도 납세자의 질문에 막연하게 답변한 경우가 많다.

인터넷 상담의 문제는 상담글을 등록한 후 몇 년이 지났을 때 생긴다. 시간이 흘러서 검색하고 찾아보는 사람에게 위험하다. 초기 답변은 질문했을 때의 시기로 보면 맞는 세법이지만, 시간이 흐르면 틀린 내용이 될 가능성이 높다. 그리고 답변이 늦을 수 있고 정확한 답변이 아닐 수도 있다. 그렇다면 가장 좋은 방법은 무엇일까? 바로 세무사를 직접 만나서 상담하는 것이다.

세무 상담에서 전화 상담이 가장 보편적이다. 기장을 맡은 경우, 원장 또는 대표의 전화 상담은 해당 업체를 어느 정도 알고 진행하는 것이기에 부담이 덜하다. 그런데 이외의 경우라면 전화 상담이 달갑지만은 않다. 전화로 세무 상담을 하면, 본인이 처한 현재 상황을 객관적으로 파악하지 못한 경우가 대부분이기 때문이다.

주택을 팔고 싶을 때를 가정해보자. 주변에서 하는 말이 양도소득세가 나온다고 한다. 이 말을 듣고 양도소득세 상담을 하려는데 주택을 언제 취득했는지, 얼마에 취득했는지, 주민등록등본상에 누구와 있는지조차 모르는 경우가 많다. 그리고 세무사 질문에 막연하고 추상적으로만 답변하는 경우가 많다. 그렇다 보니 세무사가 해주는 답변도 막연하다.

다짜고짜 전화해서 본인들이 납부할 세금을 묻는 사람도 있다. 이런 경우는 세무사가 느끼기에는 맡긴 보따리 내놓으라는 느낌이다. 그렇지 않아도 바쁜데 '내가 왜 전화 상담을 해야 하나' 하는 후회가 들기도 한다. 세무사 입장에서 보면 전화 상담은 봉사활동에 더 가깝다. 그만큼 전화 상담에는 한계가 있다. 세무사는 자세한 답변을 주기가 어렵고, 고객의 입장에서도 정확한 답변을 기대하기가 어렵다.

세무 관련 문제가 생기면 가능한 세무사를 직접 만나자(평소에 세무기장을 하는 원장이라면 전화 상담이 더 좋다). 그리고 다음 2가지를 반드시 기억하자.

첫째, 먼저 어떤 자료를 준비해야 할지 물어보자. 본격적인 세무 상담을 앞두고 어떤 내용에 대한 상담인지를 미리 알아두는 것이 좋다. 준비해야 할 서류가 있는지도 물어보자. 자료를 충분히 준비하고서 상담을 받으면 효율적이다. 검토할 내용이 많거나 쟁점이 많다면 어느 정도 시간이 걸릴 수 있다. 그러니 여유를 갖고 답변을 기다리면 된다.

둘째, 상담료를 지불하자. 상담료를 지불할 의사를 표현하는 게 중요하다. 상담료를 받는 세무사도 있고, 그렇지 않은 세무사도 있다. 이는 세무사마다 다르므로 어떤 게 좋고 나쁘고는 없다. 상담료를 받으면 책임감이 더 생긴다. 필자 역시 상담료를 받으면 이미 알고 있는 내용도 다시 한 번 더 검토하고, 고객의 문의사항에 집중하고 신중해진다.

원장님이 기장을 하는 경우에는 기장료에 이미 상담료가 포함되어 있다. 그렇기 때문에 세무사를 귀찮게 한다고 생각 말고 부담 없이 상담에 임하자. 오히려 미리 상담받는 게 나중에 발생할지도 모를 사고에 대비할 수 있는 길이기에, 적극적으로 세무 상담을 요청하는 게 모두에게 좋다.

세무사를 갈아타는 타이밍은 언제가 좋을까?

세무사에게 중요한 덕목은 무엇일까? 전문성, 꼼꼼함, 성실함이 아닐까? 업종에 따른 세법을 정확히 알아야 하는 것은 기본이다.

병원에 관한 특이사항을 치밀하게 챙기는 꼼꼼함, 원장님에게 한결같은 신뢰를 주는 성실함이 세무사에게 필요하다. 세무 업계에서 살아남고자 하는 세무사는 전문성을 키우기 위해 끊임없이 자기계발을 한다. 숫자를 다루는 일이기에 자연스럽게 꼼꼼한 성격도 만들어진다. 원장님의 입장에서 세무기장을 맡은 세무사가 꼼꼼함과 성실함이 부족하다 싶으면 다른 세무사를 찾을 것이다.

보통 사람들이 전문성을 판단하기란 쉽지 않다. 아무리 어려운 내용이라 하더라도 세무사라면 해당 업종에 대한 세무적인 파악과 지식의 습득은 금방 할 수 있다. 그래서 전문성이 부족하기보다는 꼼꼼하게 챙겨주는 성실한 모습이 보이지 않을 때 다른 세무사를 찾으면 된다.

상담을 하다 보면 세무사를 바꾸는 일에 망설이는 원장들이 있다. 담당 세무사에게 불만은 많지만 다른 세무사로 바꾸기가 어렵다고 말하는 분들이 의외로 많다. 친한 사람에게 소개받았기에 불만이 있어도 다른 세무사로 바꾸기가 고민된다든지, 현금매출 누락을 세무사가 많이 알고 있어서 옮기기가 부담스럽다는 말도 한다. 이럴 때 어떻게 해야 할까? 세무사를 갈아타는 타이밍은 언제가 적당할까?

세무사를 바꾸고 싶다면 개인사업자는 5월(성실신고자의 경우 6월) 종합소득세 신고가 끝나고 옮기는 게 좋다. 개인사업자는 5월에 세무조정이 마무리되어서 장부를 넘겨주고 넘겨받기에 상당히 깔

끔하기 때문이다.

법인이라면 3월 법인세 신고를 마치고 세무사를 옮기는 게 좋다. 이마저도 기다리기 어렵다면 부가가치세확정신고 또는 면세사업장현황신고를 마친 뒤에 옮기는 게 좋다. 다른 세무사로 바꾸겠다고 마음먹었다면 옮길 세무사와 상의해보길 바란다. 사실 떠나겠다는 원장을 붙잡기는 힘들다. 하지만 연도 중에 옮기면 추후에 세금 문제가 발생했을 때 세무사 간에 책임소재가 불분명해질 수 있으니 명확히 정리하고 옮기자.

정리하자면 개인 병의원이나 치과라면 종합소득세 신고를 마친 5월(6월) 이후인 8~12월 사이가 낫고, 법인사업자라면 법인세 신고를 마친 3월 말 이후인 4~12월까지가 괜찮다.

간혹 현금매출 누락 때문에 세무사를 바꾸기가 곤란하다고 말하는 원장님이 있다. 하지만 현금매출 누락이 많은 걸 안다고 세무사가 이를 꼬투리 잡기는 힘들다. 기장거래처가 현금매출을 누락해서 신고했다면 해당 세무사는 수입금액 누락, 부실 기장으로 징계 대상이 되기 때문이다. 그러므로 세무사가 매출누락 근거로 협박(?)한다는 건 쉽지 않다.

만약 그런 세무사 사무실이 있다면 명의대여 사무장이 아닌지도 의심해보자. 아니면 한국세무사회에 가서 상담을 받길 권한다. 이런 일은 조심스러운 부분이 있다. 그러니 애초에 세무사와 고객은 신뢰가 있어야 한다. 즉 믿을 수 있는 세무사에게 세무 관리를 맡겨야 하고 탈세가 아닌 절세를 해야 한다는 것이다.

그리고 원장님만 세무사를 바꾸고 싶어 하는 게 아니다. 세무사도 원장님을 바꾸고 싶을 때가 있다. 세무사는 어떤 경우에 고객을 다른 세무사에게 보내고 싶어할까?

첫째, 자료를 요청하면 오히려 화를 내는 원장이다. '어르고 달래서' 자료를 보내달라고 하면 신고 마감 직전에 보내주는 원장도 있다. 바빠서 늦게 보냈다고 하는데 마감 직전에 자료를 보내주고, 왜 빨리 안 되냐고 화를 낼 때도 있다. 빨리 처리되기를 바랐다면 자료를 미리 줬어야 하는데, 자기중심적인 원장이 있다. 사실 이런 원장님은 세무사에게는 업무 방해자인 셈이다. 그러므로 직원들이 그 원장님 때문에 많이 힘들어하면 다른 세무사에게 보낼 수밖에 없다. 착실한 세무사 사무실 직원이 그만둘 상황이기 때문이다.

둘째, 요청한 자료를 제대로 보내주지 않는 원장이라면 곤란하다. 세무사 사무실에서 요청하는 자료는 대부분 원장의 세금을 깎기 위해서 요청하는 것이지, 세금을 부과하기 위해 요청하는 자료가 아니다. 그러니 적극적으로 협조해야 한다.

신용카드 거래내역 등 홈택스에서 조회가 가능한 자료가 있고, 그렇지 않은 자료가 있다. 자료 요청에 협조를 안 해주는 사람 또한 업무 방해자다. 일하기가 힘들고 에너지 소모가 너무 많이 되기 때문에 세무기장료를 올리든지 다른 세무사에게 보내든지 결정하게 만든다.

셋째, 세무사 사무실과 연락이 잘 안 되는 원장이다. 진료 중인 경우가 많아서 전화를 하기 전에 통화 가능한 시간을 메시지로 문의한다. 그런데도 연락이 안 되어서 신고기한에 임박해서까지 자료 요청을 해야 하는 경우가 있다. 사실 세금에 관한 책임은 본인에게 있다. 세무사는 말 그대로 세무대리인일 뿐이다. 세금을 신고한 후 세금 납부에 대한 안내를 이메일이나 팩스로 해주고, 전화를 해도 연락이 안 되는 사람이 있다. 세무사에게 걸려온 부재중 전화가 있다면 시간이 지나서라도 꼭 전화를 주자.

넷째, 세무사와 세무사 사무실 직원이 '사람'이라는 것을 잊은 원장이다. 기본적으로 인간적인 매너는 지키자. 신고기간이면 홈쇼핑 고객센터를 방불케 할 만큼 사무실로 많은 전화가 온다. 신고기간에는 하루하루가 정신없이 지나간다. 수많은 사람을 상대하다 보면 기가 빠지고 지친다.

우리 사무실에는 '진상' 고객을 쫓아내는 기준이 있다. 그때는 고객이 아닌 업무 방해꾼으로 간주하고 내보내는 것으로 규정을 만들었다. 궁금한 내용을 물어보는 건 언제든지 환영이지만, 자기 논리는 맞고 세법은 틀렸다고 사무실 직원과 논쟁하는 건 무의미하다. 사실 원장님의 논리가 맞고 세법의 논리가 틀린 경우도 많다. 조세 정책적 목적을 달성하기 위해서 세금이라는 명분으로, 억지로 만들어진 세법 규정도 있는 게 현실이긴 하다.

다만 세무 업무도 사람과 사람이 하는 일이다. 세무사와 원장님 모두 지켜야 할 것은 지켜야 정확한 세무 처리가 가능하고, 오래도록 윈윈하는 관계를 이어갈 수 있다.

당신만 모르는 세무사의 특별 서비스

많은 원장들이 세무사가 어떤 일을 하는지, 구체적으로 어떤 상황일 때 세무사의 도움을 구해야 하는지를 잘 모르는 것 같다. 병원을 운영하는 원장이 세무기장 정도만 알고 있을 수도 있고, 제대로 된 서비스를 못 받는 사람이라면 세법을 몰라서 어쩔 수 없이 세무사를 이용한다고 생각하는 경우도 있다.

세무사에게 서비스를 받는다고 절세가 되고 있는 것인지 아닌지, 모르는 경우도 흔하다. 어떤 원장님은 단순히 세무 기장서비스와 양도소득세 신고 정도만 서비스를 받아봐서 그게 다인 줄 아는 경우도 있었다. 그런데 실제로는 그보다 훨씬 많다. 지금부터 세무사가 제공하고 있는 서비스에 대해 알아보도록 하자.

일반인들이 가장 많이 이용하고 있는 서비스는 부가세, 소득세, 법인세, 원천세 신고 등 세무 기장 서비스와 세금 신고대행 서비스다. 그리고 사업을 오래 하다 보면 간혹 세무조사 대행 서비스와 이의신청 등 조세불복 서비스를 이용하기도 한다. 이외에 보통 사람들이 잘 모르는 특별 서비스도 제공하고 있으니 참고하길 바란다.

〗기업(재무)진단 및 경영컨설팅

건설업 등 법적 의무 때문에 기업진단을 받아야 하는 업종이라면 기업진단과 경영컨설팅 서비스를 받을 수 있다.

〗고용·산재보험 관련 보험 사무대행

원래는 노무법인의 고유 업무였으나 최근에는 보험 사무대행 인가를 받은 세무사 사무실에서도 고용·산재보험에 관한 보험 사무대행 업무까지 하고 있다. 인건비에 대한 원천세 신고 때문에 세무사 사무실에서도 노무 관련 내용의 질문을 평소에도 많이 받는다.

〗비상장주식의 가치평가

중소기업의 경우 대부분이 비상장주식이기 때문에 가업상속, 증여, 기업가치 평가 등의 원인으로 비상장주식의 평가 업무가 많다. 비상장주식 평가만을 전문적으로 하는 세무사 사무실이나 세무법인이 늘어나는 추세다.

〗성년후견인 업무

질병, 장애, 노령, 그 밖의 사유로 사무를 처리할 능력이 지속해서 결여된 사람에 대한 신상 보호 및 재산 관리에 대한 것이다. 최근에 생긴 업무로 성년후견인 업무까지 할 수 있다.

▌ 사업자등록 대행

보통의 원장들은 사업자등록이 사업자를 내려는 본인이 해야 한다고 생각한다. 그러나 세무 상담을 하다 보면 치과를 개원하려는 원장님이 면세사업자로 하는 게 유리한데, 과세사업자로 발급받는 경우가 간혹 있다. 본인이 과세사업자인지 면세사업자인지 애매하다면 상담을 받고 사업자등록을 하든지, 아니면 세무사에게 사업자등록 대행을 맡기는 게 낫다.

▌ 모의 세무조사

세무조사는 국세청 고유의 권한이다. 그만큼 세무사는 고객에게 세무조사라는 위험을 피하려고 합법적이고 안전한 절세 전략을 구상해준다. 그래도 병원이 커지고 다양한 일을 하다 보면, 세무조사라는 위험에 대한 불안이 커질 수가 있다. 이를 대비해서 학창시절에 모의고사를 보듯이 세무조사도 모의로 받아보는 서비스를 제공하기도 한다. 모의 세무조사는 모든 세무법인에서 제공하는 것은 아니다. 모의 세무조사가 특화된 세무사 사무실에서 제공하는 편이다.

▶ 지방세 신고 및 지방세 불복 대행

보통 세무사가 부가세, 소득세, 법인세, 원천세 등 국세만 취급한다고 생각하는 사람들이 많다. 세무사 업무의 대부분이 국세이기는 하나, 지방세도 함께 취급한다. 취득세와 등록세 등은 법무사가 등기나 등록을 하면서 많이 취급한다. 그래서 세무사가 지방세를 다룰 일은 많지 않지만, 지방세에 대한 이의신청 등 불복업무는 세무사의 업무 중 하나다.

서울시에서 시행하고 있는 마을세무사도 서울시민이 이의신청 등 지방세 불복을 불편 없도록 만들어진 제도 중 하나다. 필자 역시 과거에 서울시 마을세무사로 등록되어 활동했었다. 대부분의 세무상담은 종합소득세와 부가가치세, 양도소득세 등 국세가 대부분인 것은 사실이다.

▶ 경리 아웃소싱

경리를 담당할 직원을 뽑기에는 병원 경비 면에서 비효율적인 것 같고, 안 뽑기에는 회사 업무 처리가 불편해질 것 같다. 이때 경리아웃소싱을 이용한다. 최근에는 기장대행을 넘어서 경리 아웃소싱을 대행하는 세무사 사무실이 늘어나는 추세다.

경리 아웃소싱을 할 정도면 규모가 상당히 큰 병원이다. 병원급은 내부적으로 경리 직원을 뽑는 게 경리 아웃소싱보다 더 나을 수도 있으므로, 담당 세무사와 상담을 하고 결정하는 게 맞다. 단순

경리에서 세무 업무까지 대행해주기 때문에 소상공인이나 중소기업에 유용한 서비스다. 의원급 병원이나 치과에는 세무 기장만 맡겨도 충분하다.

▌상권분석 서비스

세무사 사무실에서 상권분석 서비스도 제공한다. 필자도 상권분석 서비스를 제공하고 있는데, 사실 이 서비스를 제공하는 세무사 사무실은 많지 않다. 필자는 병의원, 치과 기장과 부동산 양도소득세 신고를 많이 한다. 특히 부동산 양도소득세 신고를 많이 하다 보면 부동산에 관심이 가고, 공인중개사들도 많이 알게 된다. 게다가 상권 관련 공부까지 하게 된다.

부동산 양도소득세 신고를 많이 해본 세무사들은 상권 분석에 전문성이 있을 확률이 높다. 상권분석 서비스는 사업을 시작하기 직전에 어느 지역에서 사업을 시작할 것인지를 판단할 때 도움이 된다.

▌대출을 받을 때 필요한 재무제표 작성

대출을 받을 때 은행에서 재무상태표, 손익계산서 등 재무제표를 요구하는 경우가 있다. 이럴 때는 급하게라도 재무제표를 만들고 세무사 확인을 받아서 제출하면 대출 증빙서류로 인정받을 수 있다. 대출금을 갱신할 때 필요한 경우가 많다. 그러니 재무제표가 없다고 포기하지 말고, 가까운 세무사를 찾아보자. 뜻밖에 간단히 해결될 수 있다.

▌각종 증빙서류 발급 서비스

사업자등록증명서, 납세증명서, 폐업사실증명서, 소득금액증명서, 부가가치세 과세표준증명서, 재무제표증명서 등 세무서 민원실에서 발급받을 수 있는 증명서류를 세무사 사무실에서도 발급받을 수 있다. 해당 기관에 직접 방문하기 번거로우므로 세무사 대행업무를 활용하면 편리하다. 발급 수수료는 세무법인마다 조금씩 차이가 있다.

▌재무설계 컨설팅

자녀에게 재산을 이전할 때 절세를 통한 부의 이전, 부담부증여 등을 이용한 부의 이전, 자산 증식을 위한 재무설계 컨설팅, 부동산의 취득·보유·매도의 전 과정에 걸친 절세 컨설팅, 다양한 자산운용 방법에 대한 안내 등 각종 재무 컨설팅을 제공하고 있다.

세무사가 제공하는 서비스가 어떤 게 있는지 알고 필요한 서비스를 받으면, 불필요한 비용 지출을 줄일 수 있다. 세무 전문가의 서비스 영역을 정확히 앎으로써 업무의 고민과 불편이 줄었으면 한다.

6장

좋은 세무사를
고르는 법은 따로 있다

세무사가 하는 일은
무엇일까?

시중에는 절세 관련 책들이 넘쳐난다. 대다수는 절세하는 방법을 알려주는 내용인데, 책만 읽으면 누구나 절세를 할 수 있을 것처럼 말한다. 그런데 아이러니하게도 그런 책은 오히려 세무사가 읽어야 도움이 되는 듯하다. 일반인들이 읽으면 며칠만 지나도 다 잊어버릴 것이다. 세무 책에서 언급하는 세법 용어 자체가 생소하고 어려워서 일반인들이 기억하기에 쉽지 않다. 알고 있다고 해도 실생활에 언제, 어떻게 적용해야 하는지 모르는 경우가 많다. 그러니 절세 관련 책을 읽어도 결국은 세무사에게 의뢰할 수밖에 없는 게 현실이다.

　지금부터는 세무사가 어떤 일을 하는지에 대해 살펴보도록 한다. 세무사법 2조에서 세무사의 직무를 다음과 같이 규정하고 있다.

- 세무사는 납세자 등의 위임을 받아 다음 각 호의 행위 또는 업무(이하 '세무대리'라 한다)를 수행하는 것을 그 직무로 한다. 〈개정 2011.5.2〉

　세무사법에도 명시되었듯이 세무사의 업무는 광범위하지만 대부분 세무와 관련 있다. 세금 신고대행은 기본이고, 절세 컨설팅, 상담 자문, 세무조사 지원 및 조세불복 대행, 법인사업자와 개인사업자의 기장대리까지 참으로 다양하다. 법인세 신고 또는 종합소득세 신고를 할 때는 결산과 세무조정 업무를 하는데, 신고기간에는 이 업무가 차지하는 비중이 높다.

　양도소득세 상담이나 상속·증여세 상담을 하다 보면 소유권 이전등기까지 세무사가 해주느냐고 물어보는 고객들이 간혹 있다. 사실 이 말은 '치아가 아픈데 치과가 아닌 산부인과에 가서 치료해달라'고 하소연하는 것과 같다. 등기 업무를 주업으로 하는 사람은 법무사다. 세무사와 법무사의 업무 영역도 기본적인 부분은 알아야 할 필요가 있다.

세무대리 업무를 할 수 있는 전문직이 세무사만 있는 것은 아니다. 세무사뿐만 아니라 법정 요건을 갖춘 회계사, 변호사도 세무대리 업무를 수행할 수 있다. 법적으로 세무대리 업무를 할 수 있다는 말이지, 잘한다는 말은 아니니 오해 없기를 바란다.

업무를 잘하는 사람은 특정 분야에 대한 경험과 지식이 풍부한 사람일 것이다. 당연한 이야기지만 세무 업무에 대한 문제해결능력은 세무사가 뛰어나고, 조세소송 쪽은 이를 전문으로 하는 변호사가 뛰어나다.

실력 없는 세무사도 있고, 공부 안 하는 세무사도 있고, 서비스 수준이 형편없는 세무사도 있다. 세무사라고 다 같은 세무사가 아니다. 사업의 동반자이고 1년 동안에 가장 많이 소통해야 하는 전문가가 세무사다. 그러니 능력 있는 세무사를 찾아야 한다.

세무사 사무실은 대표세무사, 근무세무사(페이세무사), 실장 또는 사무장, 직원으로 구성된다. 대표세무사 밑에 근무 세무사가 있고, 사무실 내부 관리를 실장 또는 사무장이 하는 편이다. 직원들은 업체 세무기장을 주로 하고, 대표세무사가 세금 신고를 하기 전에 업체에 대한 결재, 세무컨설팅, 재산세제 등의 일을 한다. 구성원들 각자가 맡은 업무와 역할이 있다. 그래서 세무기장을 의뢰해서 일을 시작하는 단계라면, 세무사 사무실에 전화해서 세무사만 찾을 필요는 없다. 해당 병의원의 특이사항이나 세부 업무는 담당 직원이 더 잘 아는 경우가 많기 때문이다.

세법은 매년 변하기에
위험하다

우리나라에는 사계절이 있다. 1년간 네 번 변하는 계절만큼 변화무쌍한 것이 또 있다. 바로 세법 개정이다. 세법은 매년 변하고, 개정된 세법은 매년 발표된다. 대통령 선거, 국회의원 선거, 경기 흐름, 정책 변화, 그 밖의 경제적 사건 등 크고 작은 이벤트가 있을 때는 더 많이 바뀐다.

경제 주체들의 이해관계와 국가의 재정·정책적 목표가 시대의 흐름에 따라 변하기 때문에 이에 맞춰 세법도 변한다. 세법의 변화를 일반인이 따라간다는 것은 거의 불가능에 가깝고, 그렇게 하는 것은 사실 비효율적이다.

국민 스스로가 세금을 자진신고할 수 있다. 요즘은 홈택스에서 직접 신고하는 경우도 있다. 인터넷 검색은 양날의 검이다. 쉽고 편하게 찾을 수 있지만, 시간이 지나면 세법이 바뀌어서 오답이 되고 만다. 그런데 이를 모르고 당장 수수료를 아끼기 위해, 간혹 위험한 길을 걸으려는 사람들이 있다. 이들은 정작 본인에게 생긴 수입이나 경제적 이득이 세금과 연관이 있는지조차 깨닫지 못한 경우가 더 많다.

세법은 어렵고 방대하며 자주 변한다. 그래서 위험하다. 세금을 잘못 신고했다가 나중에 세무서 안내장을 받고 나서야 그 위험을 절감한 사람들이 많다. 그래서 몇 년 전에 알게 된 세법 지식이 절대불변의 진리라고 말하기 힘들다. 과거에 있었던 다주택 중과 규정도 유예되었고, 최근에는 세법 개정안도 발표되었다. 지금 이 책에서 언급하는 세법 규정도 시간이 지나면 바뀔 수 있으니 주의해야 한다.

세무사를 만날 수 없는 사무실은 피하라

세무 상담을 하러 세무사 사무실을 방문하면 세무사와 직접 상담을 할 수 있는 곳이 있고, 실장이나 사무장 혹은 직원과 상담하는 곳이 있다. 사업소득에 대한 일반적인 기장 상담이나 간단한 신고대행 상담은 실장이나 직원과도 가능하다. 그럼에도 세무사를 직접 만나겠다고 하면 당연히 세무사와 상담을 하게 해줄 것이다.

그런데 이런저런 핑계를 대면서 세무사를 볼 수 없는 사무실이 있다. 이런 곳은 사무장이나 실장이 명의대여를 해서 운영하고 있을 확률이 높다. 증여세, 상속세, 양도소득세 같은 재산세나 세무조사, 불복 등의 일이라면 반드시 세무사를 만나야 한다. 본인의 세금 문제를 세무사가 아닌 실장이나 직원과 상담한다는 것은 병원에 가서 의사가 아닌 간호사에게 진료를 받는 것과 같다.

무자격자의 문제점은 책임감 결여와 서비스 질적 하락이다. 무자격자의 경우에는 세금신고 들어갈 때 명의를 대여해온 세무사의 이름을 넣고 자신의 이름은 뺀다. 심지어 명의를 대여해온 세무사의 이름도 빼버리는 일이 있다. 나중에 문제가 생기면 책임을 피할 수 있게 빠져나갈 구멍을 만드는 것이다. 무자격자는 세무업계에서 몇 년 동안 일한 자신의 경험치를 바탕으로 일한다. 별문제 없이 일을 처리하는 듯해도 서비스의 질을 보장하기는 힘들다. 나중에 문제가 생겼을 때 책임을 납세자에게 떠넘기는 경우도 많으니 주의해야 한다.

모든 세무적인 책임은 원장님 본인이 진다는 사실을 잊어서는 안 된다. 무자격자를 피하고 싶다면 첫 상담은 무조건 세무사와 하길 권한다. 무자격자가 운영하는 사무실은 세무사가 없기 때문에 세무사를 직접 보기가 어렵다.

세무대리를 할 수 있는 사람은 세무사, 회계사, 변호사다. 회계사와 변호사는 업무의 범위가 넓고 다양해서 세무 분야에 특화된 사람이 아니라면 사실 만나기가 쉽지 않다. 반면에 세무사는 세무라는 분야 자체에만 특화되어 있으므로 신뢰할 만한 서비스를 받을 수 있다. 세무사는 가정을 챙기는 엄마처럼, 내 병원 세무를 책임질 수 있고 의논할 수 있는 편한 사람이어야 한다.

병원 운영을 하다 보면 어떤 세금 문제가 발생할지 모른다. 그러므로 병원 세무를 세무사와 의논하면서 앞으로 발생할지도 모를 세금 문제를 문의하라. 별것 아닌 일도 세무사와 상의하라. 그게 담당 세무사의 일이고, 매월 기장료를 주는 이유이기도 하다.

한 성형외과 원장의 일이다. 인테리어 업자에게 대금을 지불하려고 하는데, 현금으로 결제하면 업자가 부가세도 안 받고 세금계산서도 발급 안 하겠다고 했다. 그래서 그래도 되는지 묻고자 나에게 전화를 했다. 그래서 나는 이렇게 답변했다. "원장님은 일반과세자이기 때문에 부가세 10%를 주고 세금계산서를 받으면 부가세 신고 때 매입세액공제가 되고, 소득세 신고 때는 인테리어가 감가상각을 통해서 비용으로 인정되기 때문에 부가세를 더 주는 게 이득입니다"라고 말이다.

어떻게 보면 별것 아닌 내용이지만, 나중에 세무서 사후검증 문제가 발생할 수 있고 성실확인 대상자로 분류되어 증빙자료 과소신고 혐의를 받을 수도 있는 중요한 내용이다. 성형외과 원장은 전화 한 통으로 절세를 위한 중요한 팁을 얻었고, 세금 지식도 얻었다.

이렇게 언제, 어떤 일이든 부담 없이 전화해서 논의할 수 있는 '가족처럼 편하고 친절한' 세무사를 찾아야 한다. 그런 세무사는 상담이나 대화만 몇 번 해봐도 답이 나온다. 지나치게 친절하기만 해서도 곤란하다. 짧은 경력과 실력 없음을 친절함으로 포장하는 사람이 있기 때문이다. 실력이 기본이 된 친절이어야 한다.

세무사도 서비스업이고 하나의 사업이다. 사업이다 보니 영업이 필요한 직업이다. 그런데 객관적인 평가 없이 개인적인 친분 때문에 혹은 술을 같이 먹었다는 이유로 본인의 세금 업무를 맡기는 사람이 있다. 어느 세무사에게 서비스를 의뢰하건 본인 선택이지만, 어떤 방식의 영업으로 접근하더라도 담당 세무사와 수시로 연락할 수 있고 절세 상담이 가능한 사람과 함께해야 한다.

처음에는 친절하게 상담도 해주고 살갑게 대하더니, 세무기장을 맡기고 난 뒤부터는 얼굴 보기가 힘든 경우도 있다. 자기 병원의 세금 문제에 관심이 없어진 것 같다고 성토하는 원장님들도 많다. 증여세 문제로 상담하고 싶어도 전화도 안 받고, 찾아가도 자리에 없는 경우가 많아서 실망했다는 사람도 있다.

권위의식이 강한 세무사도 있다. 때문에 상담할 때 불편해서 질문을 제대로 못 했다는 의뢰인을 본 적 있다. 이럴 때는 사실 다른 세무사를 찾아보면 된다. 세무사는 많고 앞으로도 많아질 것이니 걱정 안 해도 된다.

첫 만남에서 세무사를 뜨끔하게 하는 질문

세무사와 원장의 관계는 변호사와 의뢰인 관계와는 조금 다르다. 변호사는 사건이 종료되면 만날 일이 별로 없다. 그만큼 일시적인 관계다. 그런데 세무사는 세무 관리를 맡으면 다른 세무사로 바뀌지 않는 한, 그 관계가 몇 년이 지나도 지속된다. 그래서 세무사를 처음 만나서부터 '이 세무사가 어떤 사람인가'를 파악하는 것이 중요하다. 세무에 대해서 무지하다는 인상을 주기보다는 세무는 모르지만 세무 사업에 관한 내용은 좀 안다는 인상을 주는 게 좋다.

처음 만났을 때부터 "세무는 모르니까 세무사 님이 무조건 알아서 해주십시오"라는 표현은 좋지 않다. 물론 모든 세무사가 다그런 건 아니지만, 고객을 쉽게 생각할 수도 있고 너무 모르기 때문에 세무 대화가 힘들 거라 생각해서 직원에게 원장님을 상대하게 할 수 있다. 세무사를 조금 긴장시키면서 '이 원장님은 한 번이라도 세무사와 거래를 해봤다'라는 인상을 주는 질문이 몇 가지 있다.

▶ 사무장인가요, 실장인가요, 세무사인가요?

세무법인, 세무사 사무실의 구성원은 크게 사원, 실장, 사무장, 세무사로 구성된다. 사원과 실장은 세무 업무를 담당하고, 사무장은 보통 영업을 하거나 사무실 외적인 업무를 담당한다. 세무사는 총괄적인 책임과 권한을 가진 대표다. 실장은 주업무가 기장 업무이므로 이에 대한 상담이 가능하다. 다만 재산세(양도소득세, 상속세, 증여세) 등은 상담이 불가능한 경우가 대부분이다.

요즘에는 사무장을 두는 세무사 사무실이 크게 줄어들기는 했지만, 사무장의 주업무는 영업이라서 세무 업무를 깊이 있게 알지 못한다. 사무장인지, 실장인지, 세무사인지 여부를 묻는 질문 자체가 세무사 사무실의 내부 조직을 어느 정도 안다는 인상을 준다. 그러니 이 질문은 사무장이나 실장을 긴장하게 하는 질문이자, 세무사에게는 책임감을 갖게 하는 질문이다.

직원이나 실장이 전화해도 세무사 사무실에서 전화하는 사람이라면 모두 다 세무사인 줄 아는 사람이 있다. 사무실에 방문한 사람도 본인과 상담하는 사람은 묻지도 않고 무조건 세무사 또는 무조건 실장이나 사무장인 줄 아는 경우가 많다. 그런데 첫 만남부터 세무사인지 아닌지를 물어보는 것은 세무 상담을 여러 번 해봤다는 인상을 주기 때문에 상담 시작할 때의 마음가짐이 조금은 달라진다.

▌기장료 또는 조정료가 어떻게 되나요?

개원해서 병원 업무를 시작하는 원장이라면 반드시 기억해야 할 단어가 있다. 바로 기장료와 조정료다. 최근에는 세무법인이나 세무사 사무실에서 세무 컨설팅료 또는 세무 고문료라고 표현하기도 한다. 그런데 사실 기장료와 조정료는 오래전부터 써오던 것이라 아직은 이 단어를 많이 사용한다.

세무사에게 매월 지급하는 세무 관리 비용이 기장료이고, 소득세 또는 법인세 신고기간에 결산과 세무조정 대가로 지불하는 비용이 조정료다.

기장이란 용어는 사업하거나 세무대행을 맡겨본 사람들이나 알 수 있는 단어다. 기장료와 조정료라는 단어를 사용하면 세무사는 '이 사람은 과거에 세무사를 이용해봤다'라는 생각이 든다. 그래서 과거 세무사와 비교될 수도 있다는 생각에 좀 더 신경을 쓰게 된다. 특히 조정료를 안다는 것은 사업을 어느 정도 해봤다는 것으로 생각한다. 세무사에게 기장 서비스 등 기본적인 서비스를 받아봐서 세무사 사무실을 안다는 인상을 준다.

▶ 개업한 지 얼마나 되었나요?

세무 사업을 시작한 지 얼마나 되었는지 또는 개업한 지 얼마나 되었는지 경력과 전문 분야를 물어보면 세무사에 대해 어느 정도 알 수 있다. 세무사 시험에 합격한 후 경력이 5년이 넘어가면 본인의 전문 분야가 최소 한두 개는 생긴다.

필자는 2011년도에 세무사 시험에 합격했고, 햇수로 12년차 세무사다. 수습을 마치자마자 바로 개업해서 병의원 및 치과 세무, 양도소득세, 상속증여세 등 개인소득세를 전문으로 하고 있다. 이렇게 일을 하다 보면 자연스럽게 전문 분야가 생긴다. 그런데 일을 시작한 지 오래되지 않았거나 전문 분야가 없다면 이 질문에 당황할 수밖에 없다.

▶ 이 업종에 대한 기장은 해봤나요?

사실 세무사에게 기장은 어려운 일이 아니다. 장부를 정리하고, 매출과 지출에 대한 경비를 정리하고 분류하는 작업은 그리 어렵지 않다. 한 번도 안 해본 업종이라 하더라도 수입과 비용의 기본은 대부분 비슷하다. 그래서 세무적인 특이점만 공부하면 금방 습득할 수 있다. 다만 업종에 따라 업무처리 능력에는 차이는 있다. '이 업종에 대한 기장은 해봤나요?'라는 질문은 세무사를 긴장하게 만들고, 공부 열의를 만든다.

세무사에게도
전문 파트가 있다

치과를 운영하는 박 원장은 개원한 지 4년이 되었다. 현재 담당 세무사에게 세무기장을 맡기고 있는데, 다른 세무사로 바꿀지를 고민 중이다. 박 원장이 개원할 때 어느 세무사에게 세무기장을 맡겨야 할까 고민하다가 같은 건물에 세무사 사무실이 있어서 맡기기로 했다. 그런데 사업자등록부터 치과 관련 세무도 잘 모르는 것 같고, 치과만의 독특한 운영 시스템을 이해하지 못하는 것 같아서 곤란한 적이 많았다.

비슷한 매출 규모의 다른 치과 원장들과 대화를 해보면 박 원장

174

만 세금을 훨씬 많이 내고 있었다. 담당 세무사에게 그 이유를 물어봐도 속 시원한 답변을 듣지 못했다. 그러다가 세무 업계에도 전문 분야가 있다는 사실을 알게 되었다. 그래서 박 원장은 치과 세무를 전문으로 하는 세무사를 찾았다.

세무사는 만능 해결사가 아니다. 모든 일을 다 알 수도 없고, 다 잘할 수도 없다. 다양한 분야에서 일하기 때문에 세무사들의 경험도 다양하고, 전문 분야 또한 다양하다. 그러니 의뢰인은 세무사의 이력이나 경력이 어떻게 되는지를 반드시 알아봐야 한다.

세무 업무는 누가 잘할까? 어떤 일이든 많이 해본 사람이 잘한다. 똑같은 심장수술을 10번 해본 의사와 100번 해본 의사 간에 실력 차이는 어떻겠는가? 요리를 1번 해본 사람과 100번 해본 사람 중에서 누가 더 많이 알까? 여러 번 일해본 사람은 실력도 실력이지만 다른 세무사들이 알지 못하는 노하우도 많다. 참 쉽고 당연한 이야기인데, 전문가를 찾을 때는 실력자를 찾기가 쉽지 않다.

세무사가 모든 분야의 세법을 다 알 것이라는 생각은 오산이다. 세법에는 다양한 세목이 있고, 세목 하나도 엄청나게 광범위하다. 세무사도 본인의 업무 경험 등을 바탕으로 전문화된 자기 분야가 있다. 세무 업무 경력이 짧거나 세무사 자격증을 취득하고 세무법인이 아닌 일반 기업에 취직해서 일한 세무사라면, 상대적으로 세무 업무 전문성이 떨어질 수밖에 없다.

의사 같은 경우는 안과 전문의, 피부과 전문의, 성형외과 전문의, 내과 전문의, 외과 전문의 등 전문의라는 인증 제도를 통해 전문 분야를 쉽게 파악할 수 있다. 그런데 세무사는 어떨까? 전문의 같은 인증제도가 없다. 그래서 주변 사람들에게 물어보거나 소문을 듣고 특정 업무나 경험이 많은 세무사를 찾아야 한다.

세무기장을 맡기려 할 때 세무사의 전문 분야를 파악하기란 생각보다 쉽지 않다. 세무사를 만나서 경력과 세무 업무를 해본 업종을 물어보고 파악하는 게 보통이다.

세무조사나 조세불복 같은 특이상황이 발생했을 때는 자기 사업을 가장 자세히 알고 있는 세무기장 담당 세무사에게 맡기는 게 낫다. 다만 담당 세무사가 평소 미덥지 않거나 불안한 마음이 조금이라도 있다면, 세무조사나 조세불복을 전문으로 하는 세무사를 추천해달라고 하면 된다. 세무 사업을 하다 보면 주변 세무사들에 대한 정보를 어느 정도 가지고 있다. 세무조사를 전문으로 하는 세무사는 누구인지, 조세불복을 전문으로 하는 세무사는 누구인지, 종합소득세를 전문으로 하는 세무사는 누구인지, 어떤 세무사가 특화되어 있는지 등 세무사들 사이에서는 어느 정도 알 수 있다.

자신 있는 분야는 내가 하고, 자신 없는 분야는 잘하는 사람에게 소개시켜주는 게 모두가 행복해지는 길이라 생각한다. 내가 자신 있게 해결할 수 없는 일인데도 수임료 욕심에 붙잡고 있는 건

모두가 불행해지는 일이다. 의뢰인은 세금 문제로 고통받고, 세무사는 무능력하다는 평가를 받아서 고통스럽다. 그런 평가는 장기적으로 봤을 때 세무사에게 마이너스다.

세무사에게 제일 중요한 것은 문제해결능력이다. 이 능력은 특정 분야에 경험이 많은 전문 세무사에게 있다. 보통의 세무사들은 3~4개 정도의 전문 분야가 있으므로 세무 상담을 할 때 "세무사님의 전문 분야는 어느 쪽입니까?" 하고 물어보면 어느 정도 파악할 수 있다.

세금에도 전문 분야가 있다는 것은 의뢰인뿐만 아니라 세무사에게도 큰 도움이 된다. 같은 분야를 반복하다 보면 업무 효율성과 전문성이 높아진다. 그리고 다른 세무사들과 차별화된 노하우도 생긴다.

현재 세무사 업계를 보면 특정 분야에 전문화된 세무사가 많지 않다. 세무사로서 무척 아쉬운 부분이다. 앞으로는 세무사 업계에 전문화와 특성화 바람이 불지 않을까 예상해본다. 미래에는 세무사 간의 경쟁이 더욱 치열해질 것이다. 때문에 생존을 위해서는 변해야 살아남을 수 있다. 그러한 변화는 더 나은 세무 서비스를 원하는 고객으로서는 고급 서비스를 받을 수 있기에 반가운 소식이다.

사무실 위치가
중요할까?

세금 신고는 대개 인터넷을 통한 전자신고 방식으로 한다. 신고서를 수기로 작성해서 신고하는 경우는 거의 없다. 모바일 메신저를 이용해서 상담을 하거나 전화 통화가 훨씬 빠르다. 요청하는 자료도 메신저나 이메일로 주고받기 때문에 물리적 거리감을 체감하기 어렵다.

종합소득세 신고기간에 세무기장과 신고대행 의뢰가 들어오는데, 그 지역도 다양하다. 인터넷 덕분에 필자의 사무실 주변에 있는 사람들뿐 아니라 전국에 있는 원장님들이 잠재 고객이 되는 셈이다.

세무서 근처에 있는 세무사 사무실에 맡겨야 한다는 사람도 있다. 세무사 사이에서도 예전에는 세무서 근처에 사무실을 차려야 한다는 말이 많았고, 실제로도 그랬다. 세무서 근처에 사무실이 있으면 편한 것은 사실이다. 다만 납세자인 고객 입장에서는 사실 큰 의미가 없다. 그저 세무사 사무실이 많아서 선택의 폭이 넓다는 장점만 있을 뿐이다. 원장이 주기적으로 신고해야 하는 소득세, 원천세, 부가세, 면세사업장현황신고는 세무사 사무실의 위치와 관계가 없다. 세무사의 전문성만이 좌지우지할 뿐이다. 세무조사, 상속세, 증여세 신고도 마찬가지다. 사무실의 위치보다는 문제

해결능력이 좌지우지한다.

연세가 있거나 병원을 오래 운영한 분들 중에는 세무사 사무실과 본인의 병원이 가까워야 한다고 여기는 사람들도 있다. 그런데 앞서 말한 대로 위치는 별 상관이 없다. 요즘은 대부분이 스마트폰을 사용하기 때문에 굳이 사무실을 방문하지 않더라도 신속하게 상담이 가능하다.

세무사 입장에서는 스마트한 시대가 반가우면서도 한편으로는 곤란할 때가 있다. 수시로 고객의 상담 메시지가 들어오기 때문이다. 세무사와 전화 상담을 하고 싶다면, 가능하면 업무 시간에 하길 바란다. 세무조사나 세금 문제 때문에 걱정되는 마음은 충분히 이해한다. 다만 시도 때도 없는 연락은 상대를 지치게 만들고 서비스 질만 저하될 뿐이다.

좋은 세무사를
고르는 법

세무사는 어떻게 보면 '말로 먹고사는' 직업이다. 이 직업의 특징이 하나 있다. 말로 먹고살기 때문에 정당한 대가를 받기 힘들다는 사실, 그리고 정당한 대가 그 이상을 노리는 사기꾼이 존재한다는 사실이다.

그나마 다행인 점은 세금이라고 하는 명확한 숫자가 존재한다는 것이다. 그래서 고객에게 제공하는 경제적 이득을 어느 정도 측정할 수 있는 직업이 세무사다. 즉 고객인 원장님은 세무사에게 얼마의 수수료를 내고 얼마의 경제적 이득을 얻었다는 것을 산술적으로 가늠할 수 있다. 그래서 말로 먹고사는 타 직업군보다는 사기꾼이 상대적으로 적다. 경제적인 이득을 안겨줄 좋은 세무사를 어떻게 찾을까? 그 방법을 알아보도록 하자.

첫째, 세무사를 만날 수 없는 사무실은 피하자. 명의대여로 운영하는 무자격자를 피해야 한다. 무자격자가 운영하는 사무실은 낮은 서비스의 질과 무책임함 때문에 위험하다. 명의를 대여하는 세무사의 이름이 자주 바뀌는 경우도 있다. 그러니 상담을 하려면 세무사를 직접 만나자. 처음 영업할 때만 얼굴을 보이다가 기장의뢰를 한다거나 세무 업무를 의뢰하고 나서 만나기 힘든 세무사도 피하는 게 좋다.

둘째, 전문 분야가 있는 세무사를 찾자. 업종은 다양하고 세무 종류도 다양하다. 병의원 전문, 치과 전문, 업종별 세무기장, 개인사업자 기장, 프리랜서 전문, 소득세 신고대행, 법인 기장, 세무조사, 조세불복 등 참으로 다양하고 복잡하다. 세무사 한 명이 전 분야를 잘 아는 것은 사실 불가능하다. 세법은 법이 하나인 듯 보이지만 국세기본법을 비롯해 법인세, 소득세, 부가가치세, 상속증여세, 개별소비세 등 여러 개의 법으로 이루어져 있다. 그리고 사업을 하는 사람들의 업종도 다양하고 세분되어 있다. 따라서 본인의 업종을 많이 해본 세무사를 찾는 게 중요하다. 전문 세무사는 해당 분야의 경험이 많으므로 다른 세무사에게 없는 절세 노하우가 있다.

무엇이든지 다 잘한다고 말하는 세무사는 거르자. 그저 '돈 되는 건 이것저것 안 가리고 다 하는 세무사'라고 생각하면 된다. 그러니 구체적인 전문 분야가 무엇인지 상담하면서 물어보자. 세무사를 만나서 상담할 때 세무사의 전문 분야는 어느 쪽인지, 얼마만큼의 일을 해봤는지 묻는 것을 추천한다. 만약 자기와 상담하는 세무사가 해당 분야의 전문가가 아니라면, 전문 분야의 세무사를 소개해달라고 요청하자.

셋째, 세무 법인과 개인 사무실의 차이는 단지 이름 차이일 뿐이다. 세무법인이나 세무회계사무소 또는 세무그룹이라는 명칭을 단 간판을 본 적 있는가? 일반인들은 세무법인이라고 하면 '법인'이라는 말 때문에 규모가 크다고 생각하고, 개인 사무실은 규모가 작을 것이라 여긴다. 그런데 '원 펌one-firm' 형태의 법인을 운영하는 세무법인은 생각보다 많지 않다.

대부분의 세무법인 지점은 별산제나 독립채산제 방식으로 운영된다. 즉 개인 세무사 사무실이라고 생각하면 된다. 제공되는 서비스도 세무법인과 개인 사무실 간에 차이가 없다. 쉽게 말해서 간판 세무법인일 뿐이고, 개인 세무사 사무실과 같다. 대표세무사의 역량이나 실력이 중요하지, 세무법인이기에 담당 세무사의 능력이 뛰어날 것으로 생각할 필요는 없다.

세무법인을 만들려면 5명의 세무사가 있어야 한다. 그래서 설립하기에 조금은 '귀찮은' 부분이 있다. '있어 보이려고' 세무법인으로 변경하거나 세무사 본인의 절세를 위해 세무법인으로 전환하는 경우가 대부분이다. 세무법인 설립의 구성원 요건만 완화되면 법인으로 전환해서 개인 세무사 사무실 명칭보다는 세무법인 명칭을 사용하는 곳이 늘어날 것이다. 결국은 누가 더 자기 세금을 깎아주느냐가 고객에게 가장 중요한 문제다.

넷째, 사무실의 위치는 중요하지 않다. 과거에는 중요했을지 몰라도 앞으로는 사무실 위치의 중요성이 떨어질 것이다. 세무기장을 의뢰한 기장 거래처의 경우에는 중요한 상담만 만나서 하고, 보통은 전화로도 가능하다. 필요한 자료는 메신저나 팩스, 이메일로 전달해도 되기 때문에 사무실 위치는 중요하지 않다.

다섯째, 상담하기 편하고 친절한 세무사를 찾자. 실력이 뒷받침된 친절한 세무사가 좋다. 다만 너무 친절만 강조하는 세무사도 조심해야 한다. 짧은 경력과 부족한 실력을 감추려고 하는 경우가 있기 때문이다. 세무사가 1만 5천 명이 넘는 시대다. 상담을 싫어할 세무사는 없다. 다만 예의 없고 개념 없는 상담을 싫어할 뿐이다. 맡겨놓은 짐을 내놓으라는 식의 상담 태도는 고객 본인만 손해다. 서로 예의를 지키며 상담한다면 떡 하나라도 더 주고 싶은

게 사람 마음이 아닐까 싶다.

여섯째, 세무사에 대한 편견을 깨고 만나자. 우리나라 세무사들의 평균 연령은 상당히 높은 편이다. 간혹 상담하다 보면 젊은 세무사가 좋다고 하는 고객이 있고, 반대로 젊은 세무사는 신뢰가 가지 않는다고 말하는 고객이 있다. 그런데 중요한 건 나이가 아니다. 얼마나 실력 있고 문제해결능력이 있는지다. 친절하지 않아도 문제해결능력이 뛰어날 수 있고, 나이가 어려도 특화된 전문 분야를 꿰차고 있는 경우가 많다. 그러므로 세무사를 만날 때 나이에 대한 편견은 접어두자.

상담을 와서 세무사의 관상을 보고 일을 맡긴다는 사람도 있었고, 교회를 잘 다니는 세무사에게 일을 맡기겠다는 사람도 있었다. 어쩌면 이 방법이 좋은 세무사를 찾는 자신만의 노하우일 수도 있겠다. 그러나 오랜 파트너십을 유지할 수 있는 세무사는 결국 문제해결능력이라는 것을 잊지 말자.

일곱째, 경력이 최소 5년 이상 된 세무사를 찾자. 세무사 시험에 합격하면 6개월 동안 수습 기간을 거친다. 그런데 수습 기간이 체계적인 교육시스템을 통해서 이뤄지는 게 아니다. 수습 세무사들은 세무사 사무실이나 세무법인에 입사해서 실무를 배운다.

6개월 수습을 마쳤다고 해서 모든 일을 할 수 있는 것도 아니고, 자신의 전문 분야라고 말할 만큼 실력과 경험이 충분하지도 않다. 자신의 전문 분야라고 말할 수 있는 경험과 실력은 시험에 합격하고 최소 5년은 지나야 하지 않을까 싶다.

여덟째, 사무실에 거의 출근하지 않는 세무사는 실격이다. 세무사가 외근하는 것도 아니고, 본인 사무실에 거의 출근을 하지 않는 경우는 그 사무실이 본인 사무실이 아니거나 거래처를 신경 안 쓰는 경우다. 그런 세무사 사무실은 세무사가 거의 자리에 없기 때문에 세금 상담도 일반 직원이나 실장과 해야 한다. 그러므로 방문을 하기 전에 세무사 상담을 예약하고, 만약 세무사 상담이 불가능하다면 다른 세무사를 찾자.

아홉째, 실장이나 직원하고만 상담해서는 안 된다. 세무사 사무실에 방문해서 세무사를 대하기가 껄끄럽다거나 세무사와의 대화가 편하지 않을 것 같다고 실장이나 직원하고만 상담하고 돌아가는 경우가 있다. 그런데 최종 확인은 세무사와 하는 게 좋다. 특히 양도소득세, 상속세, 증여세 같은 세금은 반드시 세무사와 상담해야 한다.

살면서 절대 피할 수 없는 2가지가 세금과 죽음이라고 했다. 그만큼 세무사는 인생에 없어서는 안 될 중요한 파트너다. 언제나 내 편이 될 수 있는 세무사가 있다면, 늘 편히 상담할 수 있는 친한 세무사가 있다면 당신 인생의 장애물 한 가지는 확실히 해결할 수 있다는 의미다. 지금까지 살펴본 세무사 사용 설명서를 익혀서 평생을 함께할 좋은 세무사를 찾길 바란다.

세무사가 알려주는
1년 세무 달력

개인 병의원을 운영하는 원장

구분	부가가치세	소득세	인건비	4대보험
1월	**25일** ● 직전연도 7월~12월분 부가가치세 신고		**10일** ● 직전연도 12월 지급분 원천세 신고	**15일** ● 직전연도 12월 지급분 일용직 근로내역확인서
2월	**10일** ● 면세사업자인 경우 사업장현황 신고		**10일** ● 1월 지급분 원천세 신고 **28일** ● 직전연도 1월~12월분 기타소득 지급명세서 제출 ● 직전연도 10월~12월분 일용근로소득 지급명세서 제출	**15일** ● 1월 지급분 일용직 근로내역확인서
3월			**10일** ● 2월 지급분 및 직전연도 1월~12월 연말정산분 원천세 신고 ● 직전연도 1월~12월분 근로소득/퇴직소득/사업소득 지급명세서 제출	**10일** ● 건강보험 보수총액 신고 **15일** ● 고용/산재보험 보수총액 신고 ● 2월 지급분 일용직 근로내역확인서
4월	**25일** ● 부가가치세 예정 고지/납부		**10일** ● 3월 지급분 원천세 신고 **30일** ● 1월~3월분 일용근로소득 지급명세서 제출	**15일** ● 3월 지급분 일용직 근로내역확인서

월				
5월		31일 ● 종합소득세 신고	10일 ● 4월 지급분 원천세 신고	15일 ● 4월 지급분 일용직 근로내역확인서 31일 ● 국민연금 소득총액 신고
6월		30일 ● 성실신고확인대상업자 종합소득세 신고	10일 ● 5월 지급분 원천세 신고	10일 ● 개인사업장 사용자 본인 건강보험료 보수총액 신고 15일 ● 5월 지급분 일용직 근로내역확인서
7월	25일 ● 1월~6월분 부가가치세 신고		10일 ● 6월 지급분 원천세 신고 31일 ● 4월~6월분 일용근로소득 지급명세서 제출	15일 ● 6월 지급분 일용직 근로내역확인서
8월			10일 ● 7월 지급분 원천세 신고	15일 ● 7월 지급분 일용직 근로내역확인서
9월			10일 ● 8월 지급분 원천세 신고	15일 ● 8월 지급분 일용직 근로내역확인서
10월	25일 ● 부가가치세 예정고지/납부		10일 ● 9월 지급분 원천세 신고 31일 ● 7월~9월분 일용근로소득 지급명세서 제출	15일 ● 9월 지급분 일용직 근로내역확인서

		30일	10일	15일
11월		● 소득세 중간예납	● 10월 지급분 원천세 신고	● 10월 지급분 일용직 근로내역확인서
12월			● 11월 지급분 원천세 신고	● 11월 지급분 일용직 근로내역확인서

법인 사업자

구분	부가가치세	법인세	인건비	4대보험
1월	**25일** ● 직전연도 7월~12월분 부가가치세 신고		**10일** ● 직전연도 12월 지급분 원천세 신고	**15일** ● 직전연도 12월 지급분 일용직 근로내역확인서
2월	**10일** ● 면세사업자인 경우 사업장현황 신고		**10일** ●1월 지급분 원천세 신고 **28일** ● 직전연도 1월~12월분 기타소득 지급명세서 제출 ● 직전연도 10월~12월분 일용근로소득 지급명세서 제출	**15일** ●1월 지급분 일용직 근로내역확인서
3월		**31일** ●12월 결산법인 법인세 신고	**10일** ●2월 지급분 및 직전연도 1월~12월 연말정산분 원천세 신고 ● 직전연도 1월~12월분 근로소득/퇴직소득/사업소득 지급명세서 제출	**10일** ● 건강보험 보수총액 신고 **15일** ● 고용/산재보험 보수총액 신고 ●2월 지급분 일용직 근로내역확인서
4월	**25일** ●1월~3월분 부가가치세 신고 **30일** ●12월 결산법인 지방소득세 신고		**10일** ●3월 지급분 원천세 신고 **30일** ●1월~3월분 일용근로소득 지급명세서 제출	**15일** ●3월 지급분 일용직 근로내역확인서

월				
5월			10일 ●4월 지급분 원천세 신고	15일 ●4월 지급분 일용직 근로내역확인서 31일 ●국민연금 소득총액 신고
6월			10일 ●5월 지급분 원천세 신고	15일 ●5월 지급분 일용직 근로내역확인서
7월	25일 ●1월~6월분 부가가치세 신고		10일 ●6월 지급분 원천세 신고 31일 ●4월~6월분 일용근로소득 지급명세서 제출	15일 ●6월 지급분 일용직 근로내역확인서
8월		31일 ●12월 결산법인 법인세 중간예납	10일 ●7월 지급분 원천세 신고	15일 ●7월 지급분 일용직 근로내역확인서
9월			10일 ●8월 지급분 원천세 신고	15일 ●8월 지급분 일용직 근로내역확인서
10월	25일 ●부가가치세 예정고지/납부		10일 ●9월 지급분 원천세 신고	15일 ●9월 지급분 일용직 근로내역확인서 31일 ●7월~9월분 일용근로소득 지급명세서 제출
11월			10일 ●10월 지급분 원천세 신고	15일 ●10월 지급분 일용직 근로내역확인서
12월			10일 ●11월 지급분 원천세 신고	15일 ●1월 지급분 일용직 근로내역확인서

세무사 사용 설명서

초판 1쇄 발행 2023년 11월 10일

지은이 김인화
발행인 곽철식

펴낸곳 다온북스
인쇄 영신사

출판등록 2011년 8월 18일 제311-2011-44호
주소 서울 마포구 토정로 222, 한국출판콘텐츠센터 313호
전화 02-332-4972 팩스 02-332-4872
전자우편 daonb@naver.com

ISBN 979-11-93035-18-4 13320